すべては仮説とタイミング

営業成果に差が出る
法人EBMのススメ

Event

Based

Marketing

帝国データバンク

はじめに

「どうしてうまくいかないのか…」

「なぜ、ライバル行に先を越されてしまうのか…」

「今のままのやり方でいいのだろうか…」

　金融機関の法人営業担当者なら、このように思ったことは1度や2度ではないはずだ。もっといえば、営業という仕事に携わっている人たちの多くが、同様の悩みを抱えているといっても過言ではないだろう。

　「EBM」というアプローチが今、注目されている。EBMは、イベント・ベースド・マーケティング（Event Based Marketing）の略で、顧客のライフイベントや取引内容の変化を「イベント」として定義し、そうしたイベントをきっかけに自社の商品・サービスをタイミング良く提案して、自社の収益向上につなげるマーケティング手法である。

　身近なところでいえば、あなたにもこのような経験はないだろうか。

「子どもの誕生日に合わせて、タイミング良く送られてきたレストランの特典付きダイレクトメールがきっかけで、予定はなかったのについ行ってしまった」

「マイカーの走行距離が10万キロを超え、車の買替えを検討しているときに販売店から新車のキャンペーンの電話があったので、試乗に行った」

　欲しかった情報が絶妙なタイミングで手に入り、ついついその商品やサービスを購入してしまった——というのは生活者にとって身近な経験だが、これらの多くは実は「偶然」ではなく、企業側が個人消費者向けにしかけたEBMの事例である。

　上記は典型的な個人向けEBMの事例だが、本書では、「法人向けEBM」（以下、法人EBM）について解説している。

　私たち帝国データバンクは100年以上にわたり、企業の信用調査を業（なりわい）としてきた。「企業は生き物」といわれるように、起業から倒産するまでの間にライフステージがあり、浮き沈みを繰り返しながら多く

1

の変化を重ねている。そうした企業の盛衰を長年にわたって見てきた帝国データバンクには、膨大な企業情報が蓄積されている。この膨大な情報や企業調査のノウハウを使って、法人営業の高度化を支援できないか——と考えたのが本書執筆のきっかけである。

　金融機関でもすでに法人EBMに着手しているところはあり、その多くは主に自行庫が持つ顧客情報を起点とするものだが、本書では帝国データバンクの蓄積情報を含む「外部の企業情報」の活用に焦点を当て、法人EBMを考察していく。

　本書は主な読者として、「金融機関においてより効率良く成果を上げたい法人営業担当者」を想定しているが、EBMはBtoC、BtoBといった区分を選ばず、全業種の営業に通用する優れたマーケティング手法の1つである。よって、新しいマーケティング施策を検討しているマーケターにも読んでいただきたいし、また帝国データバンクが著すものとして、企業情報の活用について「ワンランク上」を目指したい方にも読み進めていただきたい。

　本書では、EBMの「いろは」だけでなく、明日からの対法人の営業シーンですぐに使えるノウハウをふんだんに盛り込んでいる。

　第1章では、金融機関や法人営業を取り巻く環境について概観しつつ、EBMの基本的な考え方とその有用性を紹介する。

　第2章では、法人EBMの効果を具体的に解説する。実際に事業会社でどのように取り組まれているのかを見ながら、理解を深めていただきたい。

　第3章では、国内の企業数をはじめ、知っているようで知らない「企業に関する数字」について解説する。法人EBMを実践するうえで、こうした「数値感覚」が重要な意味を持つからだ。

　そして第4章からは、信用調査会社のノウハウともいえる「情報の見方」を具体的に伝授する。それぞれの情報が持つ意味や見方を解説しながら、代表的な法人EBMの事例も紹介する。EBM実践のトリガーとなる「企業の変化」がどのくらいの頻度で起こっているかが分かるので、実践

の動機付けにもなるはずだ。

　第5章では、近年特に重要となっている事業承継支援において、法人EBMをどのように役立てればよいかを解説している。

　第6章では、法人EBMを実践するうえで欠かせない「企業情報の入手方法」を取り上げる。商業登記や不動産登記、オープンデータや民間の企業情報データベースについて、具体的な見方を示していく。

　第7章では、法人EBMを最前線で研究・実践をしている金融機関の実務者へのインタビューを通じた、具体的な取組み事例を紹介する。

　順番に読んでいただいてもよいし、興味のある章から読んでいただいても結構だ。本書が、法人営業活動に関わる1人でも多くの方の課題解決に貢献できれば、幸いである。

Contents

第1章

法人EBMの基本を押さえる

1 | 金融機関に求められる企業支援と営業現場の課題

1. 金利より対話が3倍大事 金融機関に求められる「伴走型」支援

　EBMの解説に入る前に、金融業界や営業担当者の現状を整理したい。まずは金融機関の法人営業分野について、金融行政がどのように考え、何を求めているのかを確認しておく。

　2016年（平成28年）5月に金融庁が公表した「企業ヒアリング・アンケート調査の結果について～融資先企業の取引金融機関に対する評価～」では、企業がメインバンクを選択する理由として「貴社や事業に対する理解」を選択する企業が最も多く、これは「融資の金利」の実に約3倍という調査結果が出ている（**図表1-上**）。同調査では、企業側がメインバンクに経営上の課題や悩みを相談しない理由として、「アドバイスや情報が期待できない」が最多となってもいる（**図表1-下**）。

　こうした背景を想定して、金融庁は2015年（平成27事務年度）金融行政方針の中で、「担保・保証に依存する融資姿勢を改め、取引先企業の事業内容や成長可能性等を適正に評価（事業性評価）し、融資や本業支援等を通じて、地域産業・企業の生産性向上や円滑な新陳代謝の促進を図り、地方創生に貢献していくことが期待される」と事業性評価の重要性を指摘した。

　つまり、必要以上に不動産などの担保を求めたり、業歴が相応に経過しているにもかかわらず信用保証協会付き融資を勧めたり、「過去評価」ともいえる財務諸表のみに目を向けて融資先を判断したりするのではなく、企業の強みの源泉であるビジネスモデルに注目し、代表者の経営手腕等を

図表1　企業がメインバンクに求めるもの、企業と金融機関の信頼関係

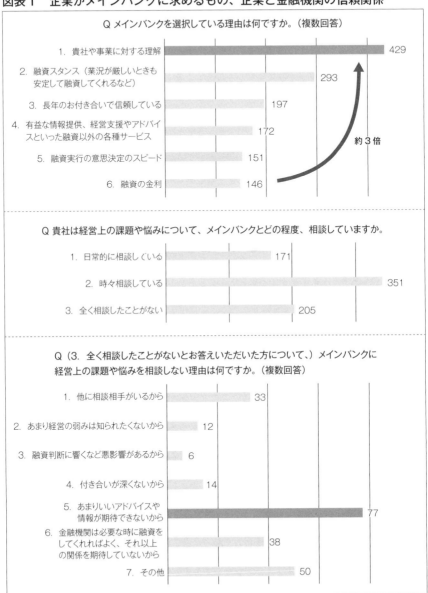

出典：金融庁「企業ヒアリング・アンケート調査の結果について～融資先企業の取引金融機関に対する評価～」を基に作成

含めて成長可能性を見極めることが求められている。

■企業ニーズを汲み取りそれに応じたサービスを提供

　企業の経営者はもっと自分たちのことを理解してもらいたいと思い、

• 競合企業の状況を含む自社が属する業界の動向

• 取引先の業界動向

• 公的支援策

などに関する情報を求めている。そして自社の商品・サービスを購入してくれる販路の開拓にも期待を寄せている。

　こうした中、各金融機関は「目利き力」に関する研修を強化したり、商流の可視化システムの導入を通じてビジネスモデルの理解向上に努めたり、形は違えど「事業性評価シート」や経済産業省の「ローカルベンチマーク」等を使い、対話力・目利き力を強化してきた。

　こうした動きを経て、2019年（令和元年）８月に公表された金融行政方針では、金融仲介機能の発揮について一定の進展があったと評価した。同行政方針では、企業アンケート調査において「自社の経営課題につき地域金融機関が納得感のある分析や対応を行っている」と考える企業が約半数（53％）を占めたこと、これらの企業のうちの９割弱（86％）が金融機関との取引継続を強く希望していることも示された（図表２）。

　金融行政は、各金融機関が企業の経営課題に耳を傾け、企業との間で認識を一致させて共通理解の醸成を進めていくことが、金融機関の安定的な顧客基盤の確保に寄与すると考えている。すなわち、一方的に事業性評価をして終わりではなく、その企業の強みや課題について共通理解の下、「伴走型」の支援をしていくことが求められている。法人営業の立場では、これまで以上にきめ細やかな顧客理解が必要になったといえる。

　顧客理解といっても、訪問時に「教えてください」「聞かせてください」の一辺倒で顧客の信頼が伴わなければ意味がない。その企業を理解するための事前準備を念入りに行い、業界はもちろんのこと、販売先の現状まで理解する必要がある。自行庫と取引のない企業であれば、ライバル行庫以上の準備を重ねなければならない。

図表2　平成30年度企業アンケート調査の結果

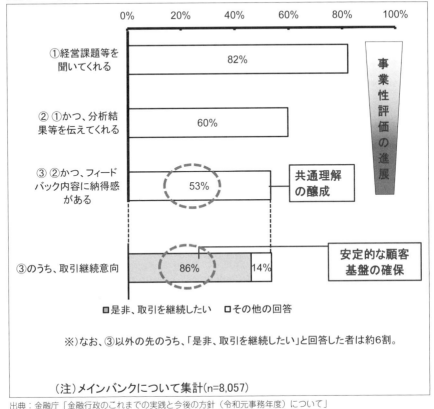

出典：金融庁「金融行政のこれまでの実践と今後の方針（令和元事務年度）について」

　企業アンケート調査の結果（令和元年11月公表）によれば、過去1年間で金融機関からの「融資を必要としなかった」とする企業のうち、7割超が融資以外の「サービス提供」を受けたいと回答するなど、金融機関による融資以外のサービス提供を望む企業は少なくない。一方で、実際に金融機関から経営改善支援サービスの提案を受けた企業は約3割と、融資等の提案を受けた企業の約6割に比べ、数は少ない。地域金融機関による企業ニーズの汲み取りと、これに応じた各種サービスの提供が期待されている。

2．生産性向上が急務な営業現場

　次は金融機関固有の背景から少し離れて、営業の現場を見ておこう。業種を問わず、多くの営業担当者は「営業という仕事」にはやりがいを感じているものの、

- 限られた時間の中で営業以外のことに多くの時間を取られ訪問数や商談数が伸びない
- 事前準備の大切さは十二分に理解しているが、実際は訪問前に少しの時間で過去の商談記録を確認するので精一杯
- 事前準備が不十分な訪問では顧客との会話が続かず、スピーディに関係を構築できない
- よって、営業成果もなかなか上がらない

といった傾向がみられる。あなたを取り巻く現状と大きな乖離があるだろうか。これらを裏付ける「営業部門の実態」について、興味深い調査結果があるので紹介したい。

　2019年4月に公表されたアタックス・セールス・アソシエイツ社の「日本の営業実態調査2019」によれば、「今、営業にやりがいを感じるか」との問いに対して83.0％もの営業担当者が「感じる」と回答している（図表3）。また「今後も営業職として働き続けたいか」との問いに対して45.9％が「はい」と回答しており（図表4）、年代別では年齢が上がれば上がるほど営業職を続けたいと回答する傾向が出ている（図表5）。

■営業のスキルは一朝一夕で身につくようなものではない

　営業という仕事については、「営業学」といった学問分野があるわけではなく、一般的な資格試験があるわけでもない。しかしながら営業は、自社の商品知識は当然として、顧客の市場環境、競合他社情報といった知識はもちろん、交渉力、傾聴力、行動力、プレゼン力、人脈構築力、部門間調整力など多くの能力も必要となる、大変奥深い職種である。年齢が上がるにつれて、その難しさや楽しさの奥深さに気付き、偶然性など自身でコ

図表3　今、営業にやりがいを
　　　　感じるか

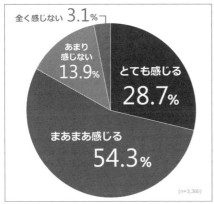

図表4　今後も営業職として
　　　　働き続けたいか

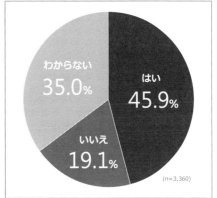

図表5　年代別・今後も営業職として働き続けたいか

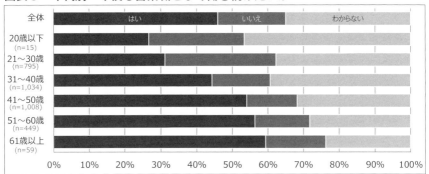

出典：図表3〜5すべてアタックス・セールス・アソシエイツ「日本の営業実態調査2019」

　ントロールできない要素が絡み合っていく部分も経験する。そうした気付きや経験が、多くの営業担当者の「やりがい」につながっていると考えられる。
　一方で、学問体系こそないものの、巷の書店に「営業本」のコーナーが必ずといってよいほどあることが示すように、多くの営業担当者が悩みや課題を抱えている。「セールス」については組織的営業として「広告」や「マーケティング」等の分野に学問体系が作られているのに、営業が学問体系を持たないのは、いわゆる「営業」が「セールス」の中でも「対人営

業交渉」という狭く、かつ担当者・企業によって異なる個別的な側面を多く含んでいるからだと考えられる。

「対人営業交渉」は個別の担当者・企業の手法が秘される傾向が強く、一般化されにくい。それらが「学問の対極」（実業）と位置付けられ、学問分野から敬遠されがちなことも、学問体系未形成の一因になっているかもしれない。

『大型商談を成約に導く「SPIN」営業術』（海と月社）で知られるニール・ラッカムが、第四世代の営業スタイルとして紹介した『チャレンジャー・セールス・モデル』（マシュー・ディクソン&ブレント・アダムソン著、海と月社）では、大規模調査の結果を踏まえた、リーマン・ショック後の不況下でも成果を出し続けた営業担当者の共通点を示している。

その共通点とは、「指導」「適応」「支配」のスキルを備えていることである。最初の「指導」とは、「差別化のための指導」を意味しており、ビジネスやニーズに関する顧客の考え方を変えるインサイト（知見）を提供することとしている。次の「適応」は、「共感を得るための適応」を指し、顧客の置かれた状況に即して営業メッセージを伝達することとしている。最後の「支配」は、「営業プロセスの支配」を指す。支配と聞くと少々手荒いイメージを持つかもしれないが、堂々と目標を目指し、顧客のリスク回避傾向を克服する——という意味合いが含まれている。優秀な営業担当者はこれら３つのスキルを携え、建設的な緊張感を顧客との間で保ちながら営業しているのだという。

どうだろう、ここから想像されるパーソナリティは、さながら教師のような佇まいではないだろうか。当然ながら、こうしたスキルは一朝一夕で身につくようなものではない。よって、先に触れた「年齢が上がれば上がるほど営業職を続けていきたいと思う」という調査結果にも合点がいく。

■ 営業部門がさらされている大きな環境変化

話を営業実態調査に戻そう。同調査では「営業部で問題に感じること」として、

14

図表6　営業部で問題に感じること（トップ10）

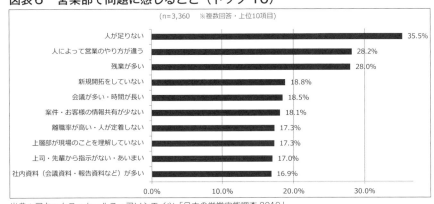

(n=3,360　※複数回答・上位10項目)

項目	割合
人が足りない	35.5%
人によって営業のやり方が違う	28.2%
残業が多い	28.0%
新規開拓をしていない	18.8%
会議が多い・時間が長い	18.5%
案件・お客様の情報共有が少ない	18.1%
離職率が高い・人が定着しない	17.3%
上層部が現場のことを理解していない	17.3%
上司・先輩から指示がない・あいまい	17.0%
社内資料（会議資料・報告資料など）が多い	16.9%

出典：アタックス・セールス・アソシエイツ「日本の営業実態調査2019」

「人が足りない」（35.5％）

「人によって営業のやり方が違う」（28.2％）

「残業が多い」（28.0％）

といったことが報告されている（**図表6**）。営業部門において人・時間というリソースの不足が深刻で、各社の総労働力が限られている中、今のリソース（人・時間）でいかに生産性を高め売上をあげるかが、営業部門の課題であると分析されている。

　一方、個人の営業活動に関する調査結果では、46.1％の営業担当者が数値目標を達成できておらず、達成できなかった理由としては、

「営業戦略が悪かった」（31.0％）

「訪問数・商談数が少なかった」（30.9％）

「目標管理が甘かった」（27.1％）

「競合他社が多い・増えた」（21.2％）

「新規開拓を怠った」（21.0％）

といったものが上位を占めている（**図表7**）。

　営業活動で苦手なこととしては、

「苦手なお客様への訪問」（44.6％）

「飛び込み営業」（39.7％）

「クレーム対応」（29.8％）

などが上位にあり、関係を構築できていない顧客とのコミュニケーションに苦手意識を持つ傾向が浮かび上がっている。また営業担当者の５人に１人が、事務作業などの営業以外の業務に１日４時間以上もの時間を費やし、１件の訪問の準備にかける時間は30分という調査結果も報告されている。

「時間不足」については、これまで残業が調整弁のような役割を果たしていた側面があるが、労働人口の減少が予想される中、「働き方改革」の流れで労務コンプライアンスの観点からも残業時間は縮減傾向にある。具体的な策もないままに「残業はするな！　定時で帰れ。でも成果は今までどおり出し続けろ」といったかけ声が先行する職場もあるだろう。かといって人員採用もままならないため、営業部門を取り巻くこうした環境がこの先の数年間で劇的に改善することも期待しづらいであろう。

　人が足りないなら生産性を高めるしかない――となるが、これも昔ながらの方法ではうまくいかなくなっている。新入社員の根性と対応力を鍛えようと、ターミナル駅等で見知らぬ人との名刺交換の数を競わせていたことがSNS上で問題視される時代である。こうした旧来のやり方では若い世代がついてこないし、実際についてこられない若者も増えている。もっと違う形で営業の生産性を高めることが求められているといえる。

■営業課題の解決策は「言うは易く行うは難し」もの

　金融機関の営業現場においても、営業ノルマを廃止するといった、これまでとは異なる流れがある一方、支店の法人営業担当者からは、次のような声が漏れ聞こえてくる。

「企業から金利低減を求める声が依然として多い」

「事業性評価の重要性は理解しているが、十分な時間が取れない」

「１社あたりの事業性評価に時間がかかる」

「そもそもどのように企業にアプローチしてよいのか分からない」

「顧客の前で何を話せばよいのか分からない」

　これらを裏返すと、次のような点が課題として浮かび上がる。

「差別化された提案をどのように作ればよいか」

図表7　数値目標を達成できなかった理由（トップ10）

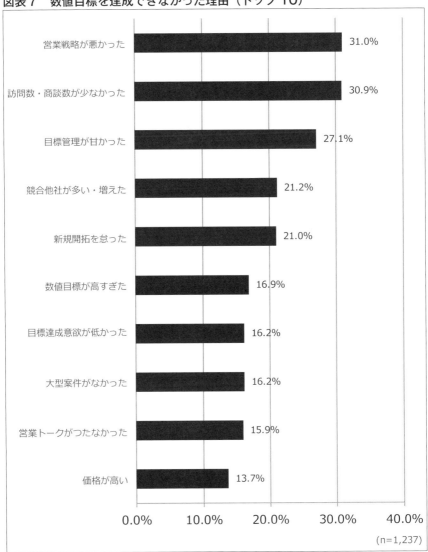

理由	割合
営業戦略が悪かった	31.0%
訪問数・商談数が少なかった	30.9%
目標管理が甘かった	27.1%
競合他社が多い・増えた	21.2%
新規開拓を怠った	21.0%
数値目標が高すぎた	16.9%
目標達成意欲が低かった	16.2%
大型案件がなかった	16.2%
営業トークがつたなかった	15.9%
価格が高い	13.7%

(n=1,237)

出典：アタックス・セールス・アソシエイツ「日本の営業実態調査2019」

「訪問前の事前準備の精度をどうやって高めるか」
「話が合わない顧客にどんな切り口でアプローチするか」
「まだ存在を認識していない顧客をどうやって知るか」
「訪問数・商談数をどうやって増やすか」
　これらの課題の解決策としては、
・訪問前の事前準備の精度を高め
・会いやすい顧客のみを訪問するのではなく
・新規開拓のために訪問数・商談数を増やし
・ライバル行庫と差別化を図った提案をしていく
・そのために他業界の営業と同様、創意工夫を重ねる
といったことが挙げられる。言うのは簡単だが、「行うは難し」である。

2　営業が抱える
課題解決策としてのEBM

1．個人EBMの事例からイメージをつかむ

　企業が金融機関に求めるニーズ、昨今の金融行政のトレンド、そして「営業」一般の悩みを見てきたが、こうした背景の中で「営業現場の生産性を高める取組み」として注目されているのがEBMだ。

　EBMは主に金融機関で発達してきたマーケティング手法であり、本書で取り上げるのは「法人向けのEBM」（法人EBM）だが、EBMのイメージをつかむために、現在金融機関で活用されている「個人向けのEBM」（個人EBM）の事例を見ていこう。

　まとまった金額の預かり資産を獲得しなければならないとき、あなたならどうするだろうか。飛び込み訪問先や店頭に来た顧客に「資産運用をしませんか？」と聞いて回るやり方もあるが、生産性の高い方法ではない。

　そこでEBMの出番である。個人EBMでは、まず顧客に発生する「ライフイベント」や「口座の動き」に着目する。

　例えば、通常は給与振込と光熱費の支払いなどに使われる生活口座に数千万円単位の入金があったとしよう。口座の顧客情報によれば、口座名義人の年齢は60歳──。となると、「退職金の入金ではないか」という推測が成り立つ。そうと分かれば「退職金の運用ニーズ」が浮上するため、退職金運用キャンペーンに関するダイレクトメールを送付したり、支店の営業担当者がニーズを深堀りするための架電・訪問を行う──といった具体的なアプローチを起こすことができる。こうした「入金」（口座の動き）や「退職」（ライフイベント）というイベントをきっかけとした、一連の営業アクションがEBMというわけだ。

■イベントという事実から予測を可能にするEBM

　ただ、大切なのはイベントが発生してからアプローチをするのではなく、イベントの発生を予測・見越してアプローチを行うことだ。先の例なら、実際に入金されてから行動を起こすのではなく、退職金が入るであろう期日の半年、あるいは1年前から案内を始め、入金先として選ばれるように仕向けるのである。EBMは、変化（イベントの発生）という「事実」だけでなく、「予測」という考え方も含めたアプローチなのだ。

　では、「住宅ローンのアプローチ」から推測を広げてみよう。住宅ローンを契約するということは、当然ながら顧客には「住宅購入」もしくは「既存ローンの借換え」というイベントが発生する。このイベントをどう「予測」するか。

　一般的に考えると、多くの人は結婚して、パートナーとの共同生活が始まり、最初は賃貸住宅で暮らす。その後、子宝に恵まれれば賃貸住宅が手狭になってくるため、賃料と住宅ローンの返済額を天秤にかけながら住宅購入の検討を始めることになる。子どもが小学生になれば、子ども自身のネットワークも徐々に構築されていくため、住宅購入を理由とする転校は避けたいと考えるかもしれない。

　そう考えると、住宅購入の検討を始めるのは、子どもが小学校に入学してからではなく、幼稚園や保育園に通っている時期が多いと考えられる。よって、住宅ローンのアプローチをするのであれば「子どもが小学校に入る1〜2年前がよい」ということがいえそうだ。

　こうした一連の予測は、自行庫に蓄積された新規住宅ローンの契約者情報について「どのような顧客属性が多いのか」「どういう金融行動をとったのか」といった傾向を分析することで導き出される「シナリオ」や「モデル」と呼べるだろう。

　「既存ローンの借換え」についても、金利動向に左右される側面は否めないが、「新規の住宅ローンを契約してから10年程度で借り換える人が多い」といった傾向を分析することで、闇雲に営業するよりも格段に効果的なアプローチが可能になるわけだ。

図表8　顧客情報から推測できる主なイベントと金融ニーズ

顧客情報		推測できる主なイベント	顕在化するニーズ
氏名（名義変更） 住所（住所変更）		結婚（離婚） 転居（転職）	住宅資金形成 教育資金形成
年齢（生年月日） 職業（勤務先）		就職 定年退職	積立・カードローン 退職金専用商品 年金の振込指定
家族構成	親の年齢	相続	生命保険 相続対策
	子どもの年齢	子どもの進学 車の購入・買替え 自宅の購入 子どもの独立	積立・学資保険 教育ローン 自動車ローン 住宅ローン
住居 （賃貸か持ち家か）		自宅の購入 自宅のリフォーム	住宅ローン リフォームローン 住宅ローンの借換え
金融資産		定期預金の満期 公共債の償還 投資信託の価格変動	各種運用アドバイス

■金融機関と顧客がWIN－WINになるアプローチ

　銀行等の金融機関には、個人に関する様々な情報が蓄積されている。「名前、住所、性別、生年月日」の基本4情報に加え、給与振込口座であれば入出金の明細から勤務先が分かるし、水道光熱費の振替が設定されていればその金額から単身世帯か2人以上世帯かを推測することもできる。営業担当者が定期的に会っている顧客であれば、家族構成やその年齢なども把握しているだろう。こうした情報から推測できるイベントは多種多様にあり、それに合わせたアプローチも様々である（図表8）。

　もちろん、こうしたアプローチが必ず成果をもたらすわけではない。しかし、顧客のライフイベントに想いを馳せながら顧客への理解を深めていくEBMのアプローチは、顧客にとってもメリットがある。顧客は常に「売り込みは嫌だ」と思っているわけではない。EBMは「欲しい」タイミン

グでアプローチしてきてくれるので、顧客も「良いタイミングで声をかけてくれたな。ちょうど考えていたところなんだ」と受け入れやすく、金融機関・顧客の双方にとって有意義な「WIN—WIN」のアプローチといえる。

2. 事業会社のマーケティング活動とEBMが金融機関で発達してきた背景

　一般の事業会社には、自社の優良顧客を分析する手法が数多くある。RFM分析（直近購入日、来店頻度、購入金額で顧客を分類する手法）や、デシル分析（購入金額で顧客を10等分に分類し、購入比率や構成比から優良顧客を探る手法）が代表的なものだ。どちらの分析も、使用するのは基本的に自社の購買データのみで、特に流通系の企業ではPOSデータを中心に分析してきた歴史がある。

　POSでは、店頭顧客の外見から性別や年代などの大まかな属性情報が手に入るものの、それ以上の情報は分からない。より詳細な情報を収集したい各社は、囲い込みを兼ねて会員カードを発行して分析を深めてきたが、それでも詳細が判明する顧客は一部にすぎず、情報更新も難しい。

　また、優良顧客の属性を分析する一方で、最終的には見込客を具体的に抽出し、購買につなげる施策が必要になる。BtoCの分野であれば、マスマーケティング以外に、SNSの活用が盛んだ。既存顧客や見込客一人ひとりの嗜好に合わせた（パーソナライズした）広告を表示するなど、今や多くのECサービスで、購入履歴や閲覧履歴（行動履歴）を用いたオススメ商品のレコメンドが当たり前のように行われている。

　BtoBの分野では、５Forces、PEST、３C、STP、４Pといった分析が一般的だが（**図表９**）、営業統括部門の日々の業務は顧客分析をしつつ「見込客を発掘すること」であり、現場の営業担当者にどこまで情報を提供すべきかという「選別」にも多くの時間を費やしている。例えば、展示会などにブースを出展して来場者の名刺を集めても、ブースを訪れた人が必ず購入するわけではないし、その人に購入の決裁権がないこともある。

図表9　主なマーケティング分析の手法

5Forces	「買い手の交渉力」「売り手の交渉力」「業界内の競争」「新規参入の脅威」「代替品の脅威」の5つの競争要因から、「業界の魅力度」や「その業界に働く特有の力学」を分析する手法
PEST	Politics(政治)、Economy(経済)、Society(社会・文化)、Technology(技術)の頭文字をとった分析手法
3C	Customer（顧客）、Company（自社）、Competitor（競合）の頭文字をとった分析手法
STP	Segmentation（市場の細分化）、Targeting（狙う市場の特定）、Positioning（自社の立ち位置の明確化)の頭文字をとった分析手法
4P	Product(商品・サービス)、Price(価格)、Place（立地・流通・販路）、Promotion（販促・広告）の頭文字をとった分析手法

そのため、簡単なアンケートとともに来場者の傾向などを営業担当者と共有するにとどまることも多い。

■一般企業が収集できるデータには限りがある

　最近では、テクノロジーの進化によって、顧客に直接ヒアリングをしなくてもニーズの推測ができるようになっている。名刺情報とWEBサイトのクッキー情報により、自社サイト上で「誰が・いつ・どのページを・どのくらい閲覧しているのか」が捕捉可能になり、顧客が何に興味・関心を持っているかが事前に分かるようになっている。いわゆる「マーケティングオートメーション」の世界だ。

　これにより、営業担当者がいきなり企業を訪問するのではなく、①自社サイトに顧客が興味を持ちそうなコンテンツをオウンドメディアという形で撒き餌のように配置し、②メールマガジンや広告、セミナーの告知などで自社サイトに誘導し、③顧客がどのコンテンツをクリックしたのか（アクティビティ）を確認する――という流れでニーズを推測できるわけである。

　ただ、一般の事業会社が得られるアクティビティは、多くの場合自社が管理するウェブサイト上のものに限られる。BtoC分野ではデータ取引市

場の登場によってこうした状況が変化する可能性もあるが、BtoB分野ではデータ収集の限界をなかなか打破できない状況といえる。

　この点、銀行等の金融機関には、一般の事業会社ではなかなか得られない情報が豊富にあるというアドバンテージがある。

　口座開設時に得られる基本４情報（名前、住所、性別、生年月日）に加え、個人であれば職業・家族構成・趣味といった属性情報を得られることも多い。どのような不動産や有価証券を保有しているのかといった資産に関する情報、住宅ローンや各種消費性ローン等の負債情報もある。法人についても、渉外活動で得られた情報が顧客管理システムに登録されているし、与信取引があれば決算書等の詳細情報もある。

■CRMの活用により効果的なEBMの実践が可能に

　そもそも、住所、性別、生年月日といった情報は顧客のセグメンテーションにおいて重要な情報であるが、一般の事業会社では入手困難である。これらの情報を金融機関が入手しやすいのは、手続き上必要であることとともに、その背景に「圧倒的な信頼性」があるからに他ならない。

　そして極めつけは、入金や出金といった口座の動きを捕捉できることだ。これらは最強の個人情報といえる。情報自体はデータの羅列だが、実際に顧客が行動を起こした記録で、いわば事実情報である。

　アクティビティが自行庫内で閉じているのではなく、光熱費の取引は○○電力、××ガスという具体的な相手先が分かるし、給与振込から現在の勤務先も分かる。賃料収入の形跡があれば、収益物件を所有していることが分かるし、同じ姓の人に送金していれば「仕送りではないか」との推測ができる。大学受験料の支払いがあれば、子どもが受験の時期を迎えていることも分かるし、その後入学金の支払いがなければ留年したことまで推測できる。

　入金や出金の数・パターンだけ、顧客が「どのような行動を」「誰に対してとっているのか」が捕捉できる。しかもこれらは顧客に知られることなく、サイレントでの捕捉となる。EBMは、「一人ひとりに合わせる」という意味では、One to Oneマーケティングの１つの形であり、豊富な情

報を駆使できる金融機関のEBMは「究極のEBM」といえる。

　多額の入金や出金に着目する手法はここ数年で始まったわけではなく、何十年も前から手作業ベースでは行われていた。またEBM自体は従来も優れた営業担当者が自身の顧客に対して行ってきたことである。

　しかし顧客数が増えればベースとなる情報も増え、手作業は困難となるし、優れた営業担当者であっても自身の記憶のみに頼って実践することは難しい。CRM（顧客関係管理、Customer Relationship Management）システムによって、数百万にのぼる口座の、億単位の入出金情報を分析できるだけの環境が整い、従来にない規模でのEBMを実践できるようになったことが、改めてEBMの活用に注目度が高まっている背景にあるのは間違いない。

3 企業のライフステージと 発生するイベントの傾向

1. 個人とは異なる企業のライフステージ

　これまでは主に個人を例として話を進めてきたが、法人EBMの実践を考えるにあたっては、「企業のライフステージ」に着目する必要がある。これは個人の「青年期→新婚期→育児期→中年期→老年期」と同じように、企業にもライフステージがあるという考え方だ。

　企業は一般的に、「創業期→成長期→成熟期→衰退期→再生期・経営破たん」というステージを遷移する（**図表10**）。個人であれば年齢から「だいたいどのステージにあるのか」を推定することができるが、企業の場合はそう簡単ではない。

　個人の場合、老年期の人が青年期に戻ることはありえない。また、子どもを授かるたびに育児期が訪れることはあっても新婚期に戻るわけではなく、また夫婦2人でゆっくり過ごすのは子育てが終わり、子どもが独立した後となる。息つく暇もなく介護の問題に直面するケースもあるが、これも逆進することはない。

　このように、個人のライフステージにおいては各ステージが反復されることはあっても、逆進することはない。加えて、各ステージに滞留する時間も、ある程度は推測が可能である。そのキーとなるのが年齢情報、すなわち「生年月日」であり、それらが個人EBMにおいて貴重かつ重要であるゆえんはこうした点に由来する。

　他方、企業の場合は個人とは大きく異なる。「生年月日」は創業もしくは設立の年月日がそれに該当するが、ここから辿るライフステージは図表10のような一般的なモデルこそあれ、バリエーションが多い。そして詳細

図表 10　企業のライフステージ

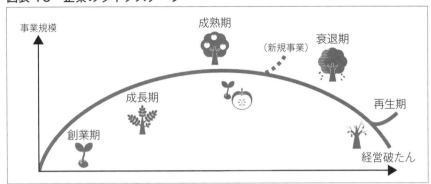

は後述するが、個人では起き得ないステージの「逆進」すらも起きるため、推測も容易ではない。

　また、企業の誕生といえば社長（創業者）が志を持ってある事業を個人で創業し、法人登記するケースを思い浮かべるが、大手企業が一部門を新設分割して設立するケースも多い。法務省の2018年の登記統計によれば、1年間の会社設立件数11万6,208件のうち、会社分割による設立は815件あった。件数は少ないが、ライフステージの想定においては扱いを分ける必要がある。

2．各ライフステージの特徴や注意点

〈創業期〉

　新規創業の場合、3〜5年以内は創業期として認識されることが多い。この時期はビジネスモデルがまだ構想上にとどまっており、ビジネスを構成するサプライチェーンや従業員が追いついていないことも多い。中にはこの期間に上場まで駆け上る企業もあるが、これは欧米の学校制度にある「飛び級」のようなものと考えるべきだろう。

　例えばアルバイト情報サイトを提供するリブセンスは、代表の村上太一氏が大学在籍時に創業し、2006年に法人を設立、5年後の2011年には東京証券取引所マザーズ市場に上場した。このとき村上代表はまだ25歳で、上

場創業者の史上最年少であったことが大きくメディアに取り上げられた。同社は翌年には東証一部上場を果たしたが、こうしたケースは極めて稀である。

　創業期はビジネスモデルが確立しているとは言いがたく、金融機関などの外部関係者が「成長期に移行できるか」を見極めるには、相当な目利き力が必要であるといえる。

〈成長期〉

　中小企業政策においては、企業の規模により税率が変わり、業種・資本金・従業員数といった属性に応じた補助金等の支援メニューも用意されている。しかし、個人でいうところの「義務教育期間」のようなものは存在しないため、「増収・増益が3期続いたから」といって「それがその企業の成長期に当たる」といった単純な区分はできない。

　企業の成長や成熟のエビデンスとして新規上場をイメージすることに違和感は少なそうであるが、2018年の東京証券取引所への上場数は97件にすぎず、世の中にある「成長している企業」を捕捉するには部分的すぎるであろう。

　そして成長期に入った段階で、外部関係者の目にも止まることになり、必然的に様々な商品・サービスを提供する企業同士で競争が起きる。それは金融機関も例外ではない。

〈成熟期〉

　成熟期に入れば、外部からも安定していることが見て取れるようになるが、さらに新規事業を手がけて成長期に入ることもあれば、既存事業に胡座をかいて衰退期に入ってしまうこともあるため、動向は注意深く見ていく必要がある。

■スポンサーを得て再生を果たすケースも

〈衰退期〜再生期・経営破たん〉

　営業対象として相応しい先か否かを見極めるためにも、衰退期を過ぎて再生が果たせなかった「企業の終焉」のステージも見ておきたい。

①倒産（法的整理・破産）

　新聞・雑誌・テレビ等のメディアで「○○社が民事再生法を申請し、倒産しました。負債総額は1,000億円です…」といったフレーズを耳にしたことはないだろうか。会社更生法、民事再生法は倒産の法的申請の種類であり、倒産の形態でもある。この２つは再建型倒産と呼ばれ、スポンサー次第ではあるが、基本的には事業継続を前提とした「法的整理」である。

　会社更生法や民事再生法を申請した企業でも、再生を支援するスポンサーがつかなかったり、スポンサーが見切りをつけたりすることで「破産」に移行するケースがあり、企業再建は容易ではない。ただ、会社更生法を申請して復活をしたJAL等は記憶に新しいし、牛丼の吉野家も同様の経験をしている。このため両法の申請は倒産に分類されるものの、「企業の終焉」とはならない場合がある。

　再建型倒産（法的整理）を選ぶのは大企業が多く、様々なメディアで取り上げられるため、その情報に触れる機会が多いが、2018年の倒産に占める法的整理の割合は3.1％に過ぎない。倒産の大部分は「破産」であり、直近３年はいずれも93％台での推移となっている。

　破産や特別清算は「清算型」と呼ばれ、文字どおり企業としては清算され、「企業の終焉」を意味する。なお特別清算については、第二会社方式による会社再建において、事業移管後の整理手法として活用されるケースが昨今は目立っている。

　会社更生法や民事再生法が「敗者復活戦」への挑戦を意味するのに対し、破産などの清算型は「ゲームセット」となり、破産申請した企業は債権調査・確定手続き・配当手続きを経て手続きを終結する。商業登記上にもその旨が記載され、登記が閉鎖されて消滅することになる。

　2018年は会社更生法が２件、民事再生法が252件であったのに対し、破産などの清算型は7,809件、合わせて8,063件であった。

　倒産にもそれなりのお金が必要となる。弁護士費用や登記費用、裁判所への予納金などで、負債総額や規模にもよるが数十万〜数百万円程度はかかる。こういう費用すら用意できない企業も多く、清算結了登記をせず、所在不明となり実態がつかめなくなる「夜逃げ」は倒産の数倍あると想定されている。これらも「企業の終焉」に含めてよいだろう。

■倒産は「骨折」で廃業は「骨粗しょう症」！？

②廃業

「企業の終焉」としてもう１つ大きな位置を占めるのは「廃業」である。中小企業庁の試算では、2025年までに経営者が70歳を超える法人の31％、個人事業主の65％が廃業すると仮定すると、それによる雇用喪失は650万人にものぼり、22兆円のGDPが喪失されるとしており、社会問題として扱われている。

　倒産が不良債権の発生という形で他社に損害を与えるのに対して、まだ資金余力のあるうちに選択する廃業ではこうした損害はない。ただ、日本のサプライチェーンは中小企業で支えられており、産業構造上、倒産を骨折とするならば、廃業は骨粗しょう症に例えられる。つまり、瞬間的な衝撃こそないものの、じわじわと影響が出てくる。

　愛知県の羽衣チョーク社は多くの教師や研究者が愛したチョーク製造会社であったが、電子黒板の登場といった環境変化により需要が減少し、後継者不在や代表者自身の体調不良が重なって、国内と韓国の企業に技術移転をした後、廃業を余儀なくされた。

　2018年の休廃業・解散数は２万3,026件で倒産の2.9倍にものぼる（帝国データバンク特別企画：全国「休廃業・解散」動向調査2018年）。

③被合併

　商業登記ベースでつかめる「企業の終焉」は他にもある。それは「被合併」だ。分社化した企業がうまくいかず被合併となるケースもあれば、上場準備のためのガバナンス強化の一環で不要な子会社を吸収するケース、企業買収後に親会社との統合がうまくいき被合併するケースなどがある。企業の戸籍ともいえる「商業登記がなくなる」という意味で、被合併もまた企業の終焉の１つの形であろう。

　2018年の被合併数は5,329件であった（国税庁 法人番号公表サイト）。

　ここまで衰退期から企業の終焉までを見てきたが、衰退期を迎えた企業でも株主や代表者が変わることで成長期・成熟期に戻ることは十分に考えられる。前にも触れた牛丼チェーンで知られる吉野家は、明治32年の創業

以来、店舗拡大を続けてきたが、昭和55年に牛肉価格の高騰や味の悪化によって客離れを引き起こし、会社更生法を申請して倒産した。その後セゾングループ傘下となり、立て直しが図られ、見事に再生を果たした。その後もBSE問題など幾多の困難を経て、今日でも多くの人の胃袋を満たし、親しまれている。

3．ライフステージごとに異なる企業の傾向・兆候

　それぞれのライフステージの中には「変化」が必ずあり、そうした変化がEBM実践のトリガーとなる。
　成長期にある企業であれば、以下のような変化が想定される。
「取引が多様化する」
「事業の拡大によって雇用が促進され従業員数が増える」
「事務所が手狭になり本店を移転する」
「広告宣伝が活発になる」
「新商品のリリースが続く」
　また衰退期の企業であっても、何の予兆や変化もなく突然倒産することは稀である。以下に挙げたような変化が表れるなど、どのような企業にも必ず予兆はある。
「経費削減のため間接コストを圧縮しはじめる」
「返品やクレームが多発する」
「有能な幹部が退社する」
「代表者や経理担当者が資金繰りに奔走して不在がちになる」
　このように企業にライフステージがあることを理解したうえで、ステージの進行が一方向ではなく、状況変化によってライフステージが戻ることも、急激に進むことも心得ておくと、法人営業における顧客理解がより促進されるといえる。

■企業に発生するイベントには二面性がある

　日々取り組んでいく法人EBMに近づけて、考えてみよう。

分かりやすい企業のイベントとして「創業・設立記念日」がある。個人でいえば誕生日のようなものだ。毎年の創業・設立記念日は社長の訓示やささやかなお祝い程度かもしれないが、10年、20年、30年、100年といった節目であればより盛大に周年事業を行う企業も多い。例えば、節目に合わせて商号を変えたり、後継ぎに企業を譲ったりすることもある。

　企業に発生する主なイベントを**図表11**に挙げたが、「組織変更」「子会社設立」「提携・合弁・買収」といった体制面に関するものや、「新事業参入」「海外進出」「取引解消」といった営業に関するもの、「代表者変更」「役員変更」「リストラ」「内紛」といったヒトに関するもの、「特許取得」「クレーム」「仕入先変更」「工場移転」といったモノに関するもの、「増減資」「株式上場」「不良債権発生」といったカネに関するもの、「不祥事」「事故・事件」「訴訟・係争」といったコンプライアンスに関するものなど、様々だ。

　そして、これらには別の切り口がある。当事者にとって「好ましい・ポジティブなイベント」「好ましくない・ネガティブなイベント」、そして「両方の意味合いが含まれるイベント」という切り口だ。

　個人にとって「就職」や「結婚」は好ましいイベントだが、「離婚」などは、気持ちの整理がついているかそうでないかはあるにせよ、一般的にはネガティブなイベントであろう。「退職」もステップアップを目的としたものならば好ましいイベントかもしれないが、肩叩きの意味合いがあるならば、好ましいとは言い難い。

　同様に企業においては、「設備投資」「海外進出」「子会社設立」等は勢いが感じられる好ましいイベントといえるが、「取引先倒産・不良債権発生」「拠点閉鎖」「代表者の急逝」などは好ましいとはいえない。「商号変更」はどうだろうか。詳細は後述するが、「浸透してきた自社ブランドを商号にする」というのであればポジティブに感じられるが、「不正・不祥事を過去のものにしたいがために商号を変更する」ようなケースは、好ましいとはいえないだろう。このようなイベントが持つ二面性については、常に意識をしておく必要がある。

図表11　企業に発生する主なイベント

体制に関わるもの	営業・計画系	ヒト系
商号変更	海外進出	代表変更
組織変更	新規事業参入	役員変更
子会社設立	業種・業態変更	後継者難
提携・合弁	営業譲渡	内紛
買収	再建計画策定	雇用拡大
株主大幅変動	事業の失敗・縮小	人員削減・リストラ
合併・再編	主力取引先変更	労働争議
モノ系	カネ系	コンプライアンス系
商品クレーム（リコール）	融資・補助金	事故・事件・トラブル
特許取得	株式上場	粉飾決算
許認可等取得	増資・減資	訴訟・係争
新製品投入	支援打ち切り	許認可等取消
設備投資	不良債権発生	行政処分
拠点開設・移転・閉鎖	支払・返済遅延・債務不履行	本業以外に資金流出

■企業に変化が発生しているときが営業のチャンス

　EBMが主に対象とするのは、「好ましいイベント」である。そうしたイベントについては積極的にアプローチすべきだが、そうではないものはそっとしておくほうがよいだろう。そして、どちらの意味合いかを計りかねる場合は、それとなく自然な形で探るのがよい。

　ただし、アプローチしたい商品・サービスの特性によっては、好ましくないイベントこそがターゲットとなることもある。得意先が倒産して不良債権が発生したというイベントは、当該企業にとっては好ましくないものだが、金融機関にとっては「急場の資金手当をどうするのか」「新たな得意先開拓はどのようにしていくのか」等の資金需要が十分に考えられる。

　事業会社でも葬儀業や弁護士法人など、人の悲しみや窮地に沿うサービスを提供している場合は、好ましくないイベントが対象となる。ただ、こうした場合は相手の心情を理解し、寄り添うようなアプローチにしなければ「出入り禁止」になりかねず、留意が必要なことは言うまでもない。

　このようにイベントや変化が発生しているとき、企業は何らかの対応に

迫られていることが多いため、営業においては平時に比べて提案精度が高まる。

　そして法人EBMに取り組むうえで重要なことだが、個人でも企業でも、イベントとそれに基づく変化は不可分なことがあり、あまり厳密には考えすぎないほうがよい。ポイントはそれが「事実であるか」「予兆なのか」である。

　以下、本書においては法人EBMの定義を「企業のライフステージを考え、企業情報からイベントや変化および予兆を把握し、成約期待値が高い企業に対してタイミング良くアプローチする手法」とし、次章ではその効果や裏付けを取り上げていく。

第2章

法人EBMの効果を知る

1 法人EBMがもたらす 5つの効果

1. 法人EBMはストレス・フリーなアプローチ手法

　第2章では、法人EBMの具体的な「効果」やその「裏付け」について解説していこう。最初に法人EBMに取り組むことで得られる具体的な効果を5つ挙げ、1つひとつについて詳しく取り上げる。そのうえで、法人EBMの効果を実感してもらうため事業会社が取り入れている法人EBMの事例を紹介する。そして、法人EBMの効果の裏付けとして、企業の設備投資実態とイベントの関係を読み解き、企業業績にどのようなインパクトがあるのかを解説していく。法人EBMの威力に触れることでしっかり「腹落ち」していただければ幸いだ。

　まず、法人EBMの効果を整理すると次の5点に集約される。

①顧客・営業双方にとって心地よい
②気付くことができる
③仮説力が高まる
④営業マネジメントが向上する
⑤優先順位が明確になる

①顧客・営業双方にとって心地よい

　最初に挙げていることからも分かるように、法人EBMが他の営業アプローチに対して最も差別化できる、最大の効用といえるポイントが「①顧客・営業双方にとって心地よい」ことである。

　営業の局面では、商品・サービスがどうであれ、いかなる顧客も「売り

図表 12　AIDMA による購買決定プロセス

A　Attention：注意　→　消費者が商品・サービスの存在を知る

I　Interest：関心　→　商品・サービスに興味を持つ

D　Desire：欲求　→　欲しい・利用したいと思う

M　Memory：記憶　→　その欲求が記憶に残る

A　Action：行動　→　最終的に購買行動に至る

※Mを動機（Motive）と定義するモデルや確信（Conviction）とするAIDCA
モデル、ネットにおける購買決定プロセスモデルとしてAISAS（注意：
Attention→関心：Interest→ 検索：Search→行動：Action→意見共有：
Share）というモデルも利用される

込まれたい」とは思っていない。そして、営業する側も決して「お願い営業をしたい」とは思っていない。

　よほど訴求力が高い商品・サービスであればプッシュ型の売り込み営業でも成功する確率が高くなるが、そういうケースは稀であり、逆にそこまで訴求力が高ければ、営業担当者が売り込むのではなくウェブサイト等で販売したほうが効率的ということになる。

　消費者が購買を決めるプロセスとして、AIDMA（アイドマ）という購買行動モデルがあるが（図表12）、これも「注意」や「関心」をさりげなく促すことで効果を発揮するものであり、それらが強制されれば「購入」に辿り着くことはない。

　皆さんも普段の買い物で、しつこい勧誘や強引な販促活動を受けた経験があるだろう。こうした経験はブランドや商材に対する嫌悪感として残り、長くマイナスとして作用することになる。売る側も本来は望んでいないはずだが、そうなってしまうのは「自分の営業力に酔って顧客が見えなくなっている」か「自身のノルマに追われ顧客のことを考える余裕がないか」のいずれかである。

　つまり、営業は方法を間違うと、買い手と売り手の双方にストレスが増えるのである。

■提案を受けることに必然性を感じているタイミングなら？

　金融機関の法人営業についても、日常的なアプローチを振り返ると、以下のような活動を行っていないだろうか。
- 「社長、最近どうですか？」「情報交換をしたくて……」「ちょっとお伺いしていいですか？」といった、顧客ニーズが見えないアポイント
- 「近くに寄ったので…」といった、アポイントなしの飛び込み営業
- 集金業務などを理由にした定期訪問
- 営業エリアだけをキーとして作成したアタックリストに基づく電話営業
　こういったアプローチを手当たり次第に繰り返していては、相手企業にとってお世辞にも「心地よい」とはいえず、実りある提案につながる可能性も低くなる。
「数打てば当たる」という金言もあるとおり、これらの手法が一概にダメというわけではない。ただ、打つ「数」が手当たり次第であるほど、成功する確率は低くなる。そして、失敗するたびに営業担当者の心も折れていくのが普通である。「そんなのは慣れだ」という営業の猛者もいるだろうが、売る側は慣れても買う側は慣れないため、いつまでも確率は上がらないのである。

　そこに法人EBMの考えを取り入れると、どうなるだろうか。

　相手企業においてイベントや変化が起きていれば、それに関連した動きが想定される。例えば、訪問先の企業が間もなく設立30周年を迎えるのであれば、経営者は「来年は設立30周年か…。取引先に対して何かしら感謝の気持ちを伝えたいな」「従業員にも次の10年をどうしていくかというビジョンを示してモチベーションを上げたいな」といった思いを持っているかもしれない——と想像できる。

　これを前述の購買行動モデル（AIDMA）に当てはめて考えると、商材にもよるが「注意」や「関心」が生じやすい状態といえる。

　こういうタイミングに、営業担当者が「社長、来年設立30周年ですね。何かお取組みを考えられているのでしょうか。よろしければお聞かせください」とアプローチすると、相手は「うちのことをよく知っているね。さ

すがだね」「良いときに来てくれたね」「ちょうどそのことを考えていたので相談に乗ってくれないか」と、少しの驚きとともに心地よさを感じるはずである。

それは「提案を受ける必然性がある」と感じられるからであり「自分を理解してくれている」という信頼感があるからである。

営業担当者としても、イベントを踏まえた事前準備や仮説を立てることができれば、的を射たアプローチを考えることができる。そして、あれよあれよという間に商談が進み、営業のやりがいを感じる瞬間となる。

仮にこうしたアプローチをした結果、相手の当座の反応が「塩対応」であったとしても、相手の頭の中にはその提案内容が「いずれはやらなければならないこと」として残る。こういう感触が少しでもあれば、営業担当者は心を折ることなく、上司を連れての同行営業や専門部隊のアサインなど、何度でも角度を変えて提案することができる。

法人EBMは、相手企業はもちろん営業担当者も心地よくさせる「ストレス・フリー」なアプローチなのである。

2．営業における最難関「きっかけ」を突破できるEBM

②気付くことができる

営業活動で最も重要にして、得がたいものに「きっかけ」がある。多くの営業担当者は、意識するか否かは別にして「どうやったら自然なアプローチができるか」というきっかけを探っている。

皆さんも同僚の成功事例を聞くとき、「どんなきっかけでその案件が発生したのか」が一番気になるのではないだろうか。その成功事例は自分にも再現性があるのか否か、そこに最も関心があるし、再現性が低いと分かればそれ以上突っ込んで話を聞こうとは思わないだろう。

成果が上がる営業担当者とそうでない人の違いは、「きっかけに気付けるか・気付けないか」にある。それはすなわち、きっかけとなる「顧客の変化」に気付けるか・気付けないか——ということである。

例えば、設立30周年を来年迎えるＺ社があったとする。Ｚ社の企業情報

を見て、設立年月のデータから「来年30周年を迎える」ことに気付けた営業担当A君は、「周年事業のヒアリングをベースに商談を組み立てていこう」となるが、気付けない営業担当B君は、「何を提案しようかなぁ、何と言ってアポイントを取ろうかなぁ…」のままだ（図表13）。

■組織的な仕組みとなることで営業成果は劇変する

　訪問時の営業のパターンは無限にあるが、そこでの会話の応酬の中で、顧客の発する1つひとつの言葉から気付きを得て、自行庫のソリューションに結びつけられるか否かが、営業の成否を左右する。しかし、現実には気付ける営業担当者とそうでない営業担当者に分かれる。これは個々のセンスもさることながら、経験が大きく作用するからだ。

　では、入出金情報といった「金融機関内のビッグデータ」と顧客の属性情報といった「民間や政府のビッグデータ」を組み合わせ、顧客の変化（イベント）をタイムリーに営業担当者に通知する仕組み（システム）があったらどうだろうか。上記の例では、支店のパソコン画面に「Z社が来年設立30周年を迎えます。お祝いの言葉とともに周年事業についての計画をヒアリングしてください」といったポップアップメッセージが表示される——といった具合である。

「きっかけをつかむ」という営業のキーポイントが個々人の経験ではなく組織的な仕組みとして補完されることで、営業アプローチと営業成果は劇的に変わっていくだろう。なお、法人EBMのシステム・運用については後ほど改めて触れたい。

3. 事前準備の効率化をもたらし限られた時間内で最大の効果を発揮

③仮説力が高まる

　企業を訪問する前に、その企業のホームページを見て営業仮説を立てたことはないだろうか。「この会社の理念は"人を大切にする"なんだな」「従業員の福利厚生などに関心が高そうなので深掘りして聞いてみようかな」

図表13　イベントに気付ける担当者と気付けない担当者

気付ける担当者	気付けない担当者
来年30周年だ！　**会社の設立年月日**　・・・・・・ 周年事業のヒアリングをベースに商談を組み立てよう！	・・・・・・ アポイントや提案のきっかけがなくて困ったなぁ…

といった具合である。しかし、こうした仮説を自然な形でアプローチにつなげていくことは容易ではない。そもそも仮説を作るまでに相応の時間がかかるし、そこから話の切り出し方を考えるにはさらに時間がかかる。

　法人EBMは、営業担当者をこうしたストレスからも解放する。つまり、イベントを起点とすることで仮説を抽出するまでの時間が短くなり、アプローチも明瞭になって、提案が顧客に刺さる可能性も高くなる。

　これはどういうことか。難攻不落といわれる企業に「代表者交代」というイベントが生じた例について、考えてみよう。

【　事　　実　】経営権を譲るという代表者交代（＝イベント）が起きた

【　原因仮説　】「なぜ代表者は変わったのか？」

　→前代表者が高齢だったから経営意欲が後退したのかもしれない…

【　予測仮説　】「だから何が起きるのか？」

　→経営方針の変更があるかもしれない…

【アプローチ】「どう話を切り出すか？」

　→社長ご就任おめでとうございます。経営方針はどのようにお考えになられているでしょうか？

　営業担当者が知り得たのが「代表者交代」という情報だけであったとしても、このイベントを起点に「なぜそれが起こったのか」「だから何が起きるのか」と考えていけば、訪問先で質問に困ることはない。少なくとも

代表者交代の情報をつかんでいた営業担当者とそうでない営業担当者であれば、どちらが良質な事前準備・ヒアリング・提案ができるかは一目瞭然である。法人EBMは事前準備の効率化をもたらし、限られた時間の中で最大の効果を発揮できるのだ。

4. 営業マネジメントも ストレス・フリーにする法人EBM

④営業マネジメントが向上する

　ここまで見てきた法人EBMの仕組みを見て、「営業担当者が自分でお客様のことを考えなくなってしまう」「データに基づいて機械的にアプローチするだけになってしまう」と嘆くマネージャーもいるかもしれない。しかし営業現場には、OJTによる人材育成にかけられる時間が物理的に減っているという現状がある。

　営業マネージャーという立場にある人は、その人自身が過去に営業成果を上げたことの証左として指導を任されている。ゆえに、自分の経験をベースに指導をしてしまいがちなことはある意味で仕方のないことかもしれない。プレイヤー時代の成功体験が多ければ多いマネージャーほど、「俺の見たところ、あの企業には資金ニーズが必ずあるから徹底的にアプローチをしろ！」と、経験・勘・思い込み（いわゆるKKO）で指示を出したり、「俺の時代は靴底を擦り減らして…」というような営業武勇伝を語ったりしてしまいがちになる。

　だが、時代は変わった。部下との同行訪問後の振り返りで、「なぜあのタイミングで提案を切り出さないんだ！」「なぜ気付かなかったんだ！」と叱咤しても、若い営業担当者はただキョトンとするばかりだろう。

　結果を出し続けてマネージャーになったという人は、自分自身が「気付ける」営業担当者だった可能性が高く、「気付けない」営業担当者が「なぜ気付けないか」を理解できないことが多い。それは先ほど触れたように営業センスや経験の領域だからだ。

　営業の奥深いところは、野球の打者に例えると「打率」（成約率）では

なく「安打数」（成約数）が評価される――という点にある。例えば10社にアプローチして3社の成約を獲得する3割打者と、20社にアプローチして5社の成約を獲得する2割5分の打者では、後者のほうが評価される。常に人の2倍動けるのであれば、後者のほうがよい。実はここに、営業現場で根性論がまかり通ってしまう理由があった。

　しかし第1章でも触れたように、もはや訪問数を倍増させるといった時間的な余裕はない。自行庫の営業活動もそうだが、訪問先の企業においても生産性の向上が命題となっており、不必要な訪問は双方にとって不幸となる。加えて、2割5分の打者にとって「失敗打席」である7割5分の企業からクレームが入ったり、思わぬ悪評がインターネット上に書き込まれたりするリスクも看過できない。

　打席数（商談数）を減らし安打数（成約数）は増やす――という「打率」重視に転換することが、営業生産性の向上には不可欠になっているのである。

■法人EBMを取り入れることでアプローチを均質化

　先ほども少し触れたが、オートメーション化された法人EBMのシステムがあれば、「当店取引先のZ社が来年30周年を迎えます。周年事業に関するヒアリングをしてください」といったアラートがシステム上にポップアップされ、部下に対して「周年事業の話を聞くと相手も気分が高揚しているから、設備投資の話がスムーズにできるぞ」と、それを後押しする具体的なアドバイスができるようになる。また、営業担当者が何度も同種のEBMアラートに対応することは、日々教育を受けているようなもので、「Y社にも節目の周年が近づいているな」などと気付けるようになる効果すらある。

　たとえシステムが構築されていなくても、「変化に注目をすればよい」というアドバイスは根性論のアドバイスより具体的で、若い世代の営業担当者も素直に受け入れられるだろう。

　こうして営業アプローチが均質化されれば、他の営業プロセスに目を向けられる時間も増える。チーム内で成績が振るわないメンバーがいたとし

て、訪問件数が足りないのか、クロージング力が弱いのかといった、営業
パイプライン上の個々人の課題にフォーカスした指導が可能になる。

　法人EBMを実践することで、商談という打席にスムーズに立つことが
できる。根性論で素振りを何万回やっても、実際に打席に立ってピッ
チャーのボールを打つ機会がなければ、上達はままならない。

　法人EBMによって営業マネジメントの質が高まり、営業の均質化も図
られ、営業マネジメントもまた、指導する側・それを受ける側の双方がス
トレス・フリーになるのだ。

5．確度の高い先を優先的に訪問できるように

⑤優先順位が明確になる

　あなたは、どのようなタイミングや基準で顧客への訪問を行っているだ
ろうか。

　多くは、運転資金（手形貸付）の折り返し時期、設備資金（証書貸付）
の返済期限前、社債の償還前など「時期的にニーズが想定できるタイミン
グ」、もしくは「顧客に呼び出されたタイミング」ではないだろうか。後
者は自分でコントロールできるものではなく、ケースによっては商談では
なくクレームの色彩を帯びていることもあるだろう。あるいは「あの社長
はこまめに訪問しないと口うるさいから月2回は訪問する」といった基準
で訪問していることもあるだろう。

　新規開拓は専担部門・専担者が担い、既存先のフォローといったルート
セールスと分けている金融機関もあるが、既存先のフォローの頻度・タイ
ミングについては支店内の暗黙の了解のような位置付けで、明確にルール
化されているケースは稀と聞かれる。

　対面営業力が強い金融機関においては、営業担当者が「自分の担当先に
ついては、足繁く訪問している自分が一番よく知っている」と自負する傾
向が強い。営業担当者は最前線において顧客に対面で接しているため、そ
れだけの強い自負があるものだ。

　しかしながら、1人の営業担当者が担当する企業は1社だけではなく、

当然ながら24時間・365日その企業のみに張りつくことはできない。「一番知っている」という自負は大切にしたいが、企業は生き物のように日々刻々と変化している。担当先の刻々とした変化を把握する「助手」として法人EBMシステムを活用すれば、メリハリのない定期訪問とは違う、企業の変化に合わせた効果的な訪問が可能になるのである。

■営業の成否はタイミングにかかっている

マーケティング用語に「リサイクル」という言葉がある。決められた営業エリア内において、企業数が急に増えることはまず考えにくい。そのため、過去の失注先（受注に至らなかった先）から再度提案できそうな企業をピックアップする作業が必要になる。それをリサイクルと呼ぶ。

リサイクルでは一般的に、過去の商談記録をベースとして再提案の機会を窺うが、最近の口座の入出金情報といった企業の変化情報にフォーカスして行動すると、より成約確度が高まる。

そもそも失注先については、過去にアプローチしたタイミングで営業がうまくいかなかっただけで、その企業が未来永劫ダメということではない。タイミングが悪かったからうまくいかなかっただけなのである。ベストなタイミングで営業アプローチをすればよいだけなのだ。

先ほどから例を挙げているように、無作為にアプローチするよりは、イベントや変化が発生している企業にアプローチしたほうが仮説を立てやすく、過去の動きにも照らして将来何が起きるかを考えながらトークを選ぶことができ、提案しやすくなる。

つまり法人EBMは、「訪問接触の優先順位をつける」という意味でも極めて有用なのである。

ここまで、法人EBMの5つの効果について見てきたが、どう感じただろうか。今、営業現場で起きている様々な課題が解決できる予感がしてきたのではないだろうか。どれか1つでもインスピレーションがあれば、そこから取組みを始めてみてほしい。

2 他業種が取り入れている 法人EBMをチェックする

1. 他業種・他業態のEBM事例を見逃すな

　法人EBMに取り組んでいるのは銀行等の金融機関だけではない。特に生命保険会社や損害保険会社は古くからEBMの考えを取り入れて営業活動を行ってきた。生損保会社は個人の一生に寄り添う商品はもちろん、法人についても様々なイベントにおけるリスク低減を目的とした保険商品を取り扱っているからだ。

　昨今は保険会社以外でも様々な業種・業態で法人EBMが活用されるようになっているが、その目的は「営業活動の生産性を高める」ということにある。「自社の過去の成功事例の中に共通点はないか」と考えた末、辿り着いた1つの答えが法人EBMだった――というケースもある。

　ここでは、いくつかの業界の法人EBMを事例として紹介する。業種は異なるが、銀行等の金融機関で取り入れられそうなものもあるはずだ。また、他業種がイベントをベースにアプローチをして成功した事例の前後には、当該企業の資金需要があるはずであり、これを逃す手はない。

2. 他業種・他業態で取り入れられている法人EBMの事例

①生命保険業　～人に関わるすべてのイベントを捕捉

　生命保険会社が個人のライフイベントに注目していることは想像に難くないだろう。特に、保険料が大きく増額される一定年齢に達するタイミングの前にアフターフォローを厚くするなど、営業活動にメリハリをきかせている。

　法人保険（経営者保険）においても企業の変化をつかむことが極めて重要で、特に「代表者の交代」というイベントに着目して法人保険のアプローチを行うことは鉄則となっている。

「役員の交代」も重要なイベントになる。既存契約先であれば、新役員を含めたプランを提示できるし、他社と契約している先であれば、一番若い役員をベースに全役員分の保険契約を切り替えた場合のシミュレーションを軸として提案をする。さらに「役員数の増加」があれば支払保険料にも影響するため、企業が契約内容を見直す良いタイミングといえる。

　実際に、保険外交員からは「競合商品をすでに契約していても、保険商品は次々新しいものが出てくるので、経営者は意外と『良い提案があればどうぞ』と構えている。役員の増員をきっかけとした既存役員分を含めた試算に興味を示す経営者は多い」という声もある。

「従業員の増加」も同様であり、代表者・役員・従業員といった人に関わる変化は、生命保険会社において重要な法人EBM情報になる。

■節税対策ニーズを捉えるため決算期に注目

　また、自社内で蓄積している「他社契約保険情報」もEBMにつながる可能性がある。契約が古いほど、新しい保険商品について保険料や特約の部分でメリットを訴求できることが多いためだ。

　この他、法人保険の営業で見逃すことができないEBM情報に「決算期」がある。法人は節税対策の一環で保険に加入することも多い。ある法人向け大手保険会社では、３月の収入が全体の大半を占めているとされる。節税効果が強すぎるという理由で国税庁から指摘が入り、特定商品の取扱いが中止になるなどの事態もあったが、節税という行為そのものがなくなることはないため、今も重要なイベントと位置付けられている。

　さらに、既存契約先に「商号の変更」があると契約書を更新する必要があるが、商号を変更した法人は、対応しなければならない事柄が多く保険契約の変更は忘れがちである。そこで保険会社側から既存契約先にフォローを行うことでクイックレスポンスを可能とすることができる。こうした心地よいアフターフォローにも法人EBMが活用されている。

```
┌─────────────────────────────────────────────────────────┐
│        生命保険会社が着目している主なEBM情報                │
│  ・代表者の交代    ・役員の交代    ・役員数の増加    ・従業員の増加 │
│  ・他社契約保険情報  ・決算期     ・商号変更  など          │
└─────────────────────────────────────────────────────────┘
```

②損害保険業　～株式上場はビッグイベント

　大手外資系損害保険会社のデータアナリティクス部門によれば、保険外交員は顧客との会話のきっかけを探しており、よく利用している項目は「設立年月日」「創業年月日」といった日付情報、いわゆる「周年行事」が重要なイベントになっているという。ただし、それをすぐさま営業提案に結びつけるというよりは、顧客に「そんなことも知っているんだ」と感じてもらい、保険外交員が顧客のことを把握していることをアピールする側面が強いそうだ。

　企業の成長を見ていくためには、財務情報から変化を導き出してアプローチすることが多いようだが、非財務情報の法人EBMにも注目している。特に重要なイベントになっているのが、生命保険会社と同じく「代表者の交代」だ。代表者の交代により既存取引が見直されるケースは多く、保険会社にとっても営業チャンスとなる。例えば、先代よりかなり若い経営者になった場合、その経営者は海外に目を向ける傾向があるため、外資系保険会社はこれをチャンスと捉えている。新しい経営者に海外留学の経験があったり出身大学が海外の大学であったりといったことがあれば、なおさら成約確度が高まるだろう。

　WEBクローリングに力を入れている会社もあるが、そこで収集している情報の１つが「求人情報」である。新しい従業員が必要ということは、業績が拡大している可能性が高いと考えられるからだ。自社のウェブサイトのみならず複数の求人サイトで募集をかけている場合は、さらにその確度が高まる。

「株式上場」も数こそ少ないが、企業のライフステージにおいて大きなイベントであり、損害保険会社の営業ではことさら重要なイベントになる。損害保険会社が販売する保険に「役員賠償責任保険」があるが、これは企

業の役員が責務を怠ったとして企業や株主、取引先などの第三者から損害賠償責任を追及されたときに、賠償金等の費用を補償する保険で「Ｄ＆Ｏ保険」とも呼ばれている。「Ｄ＆Ｏ」とは「Directors and Officers」の略で、取締役や監査役といった会社役員を指す。

「役員賠償責任保険」には上場していなくても加入できるが、上場した企業では加入の必要性が高まるため、未加入企業の新規上場が営業チャンスとなるそうだ。損害保険業界の場合、損害保険にまったく加入していない企業が稀であるため、「どこかの保険に加入している」という前提に立つことを基点として「切り替えの機会」を狙う形で法人のイベントを考察しているという。

損害保険会社が着目している主なEBM情報

- 設立年月日・創業年月日（周年行事）　　・代表者の交代
- 求人情報（従業員の増加、事業の拡大）　・株式上場　　　など

---

③OA機器リース業　〜新設企業を見極める

この業種では「新たにOA機器を導入しようとする」イベントが商機となる。具体的には「会社の新設・新事務所の開設」のほか、「納入しているOA機器のリースアップや法定減価償却の終了」などがあり、法人EBMとの相性が極めて良い業界といえる。

「会社の新設・新事務所の開設」であれば、新たにOA機器を導入しなければ事業を始めることができないためニーズが高い。「リースアップや法定減価償却の終了」であれば、「そろそろ機能が古くなったので変えようかな、節税効果が薄くなったな」という導入企業の思いを察知して営業をかけることになる。リースアップや法定減価償却の終了については、自社のCRM上に蓄積された過去の納入情報がベースになるが、「会社を新たに設立した」「新しい事務所が開設された」といった情報はどのように捕捉しているのだろうか。

ある大手OA機器リース会社では、企業情報データベースの提供会社から新設企業データや新拠点開設データを購入している。しかし、新設企業

データが商業登記に基づくものである場合、「登記はされたが実体がない」というケースもあり、営業効率が悪いという難点がある。そこで活用されているのが電話帳データベースだ。

　ある企業では、前述の新設企業データに重ねる形で新規回線開通先にアプローチしているという。電話が開通すれば、営業実体を伴っていることが分かるため、「開通＝事業開始」と判断してアプローチするわけだ。そのタイミングではすでにオフィスの設備が整っているケースも想定されるが、何もない状態よりは相当確度が上がると考えられる。

　また、電話回線については回線数から企業の規模も推測できる。回線数が多ければ多いほど部門や拠点が多いことが想定できるため、提案の規模感を事前に想定してアプローチすることができる。

■支店登記がなされた場合は確実に実体が伴う

　余談になるが、「新拠点開設」の情報の１つに商業登記上の支店登記がある。企業の設立登記と異なり、「登記されたが実体がない」ということはまずない。支店登記はもともと「独立した拠点として対外契約等が結べる」など、権限委譲によりスピーディな事務処理を行うためになされるものだが、国や都道府県が入札条件の１つとして「その場所に企業の拠点があること」を求めていることも大きい。

　もとより、支店登記をすることでその企業は納税額が上がるため、実体を伴わない支店登記をする動機が企業側にないことも、支店登記が実体を伴うことの背景となっている。

OA機器リース業が着目している主なEBM情報

・会社の新設　　・新事業所の開設

・納入しているOA機器のリースアップや法定減価償却の終了　など

---

④印刷業　～再編イベントにチャンスあり

　企業の合併・被合併・買収といった「再編イベント」に注目している業界が印刷業だ。印刷業は、デジタル媒体への移行による紙媒体の減少に加

え、オンラインで発注できる新業態の登場といった新たな競合も加わり、競争が熾烈化している業界の1つである。

　大手印刷会社では、通常の営業で難攻不落の先であっても、再編イベントのタイミングであれば成約の確率は高まると考え、優先順位を上げてアプローチしている。この場合、買収する側ではなく、吸収される側の部門責任者にアプローチする会社もあるそうだ。これはどういうことか。

　合併や買収では通常、存続会社（買収・吸収する側）が大半の意思決定権を握ることになる。融資案件で考えれば分かりやすいと思うが、買収されて子会社となった会社が独自のファイナンスをすることは考えにくく、その機能は親会社に移管される。このため吸収される予定の子会社に何か提案しても、「新しく親会社になったほうに提案してください」と、空振りに終わることが多い。

　印刷会社でも当然ながら存続会社側に営業をかけるが、買収・吸収される側の部門責任者への営業も継続する。これは、存続会社が気を遣って、買収・吸収された企業が利用していた印刷会社に集約することがあるためだという。企業買収ではシナジー効果の速やかな発揮が期待されるが、そこに働く人たちの感情が尊重されなければ期待する効果は得られにくい。

　急な買収事案では存続会社に対して発注集約の営業をしたほうがよいが、合併前から役員・従業員の交流を行うなど事前に綿密な協議を重ねているような場合は、その動静を見極めて提案することが成否に直結するという話もある。もちろん合併の規模や性質にもよるが、印刷会社にとっては重要なイベントといえよう。

> ### 印刷業が着目している主なEBM情報
> ・企業の合併・被合併・買収等の再編イベント

⑤自動車販売業　～車検のタイミングを逃さない

　社有車、特に営業車両を取り扱っているディーラーは競合がひしめいている。彼らが最も注目しているイベントは「車検」（自動車検査登録制度）である。大手自動車ディーラーでは、この車検をきっかけとした営業を徹

底している。

　例えば、ある企業が社有車を購入しようとして、複数のディーラーのコンペとなった場合、結果として購入してもらえるディーラーと購入してもらえないディーラーが出てくる。無事、自社が選択された場合はアフターフォローに力を入れていくことになるが、残念ながら選ばれなかった場合もコンペに負けた時期を基点に「車検」というイベントを待つことになる。

　車検は、車種にもよるが1回目は新車登録から原則3年で更新する必要がある。車検を更新するタイミングで買替えのアプローチをするというのが一般的に想像されるが、ある大手自動車ディーラーはこのタイミングでは動かない。一般的に社有車はさほど走行距離が長いわけではないため、1回目の車検では継続審査を受けることが多く、このタイミングではアプローチを見送り、その次の車検を待つという。2回目以降は2年ごとに車検のサイクルがめぐってくるため、この2回目の車検（新車購入から5年目）を有力なイベントとして狙うのだ。実際、1回目の車検の際のアプローチに比べて成約率が格段に上がるそうだ。

自動車販売業が着目している主なEBM情報

・車検（特に2回目の車検）

---

⑥文具メーカー　〜「期の切替」を狙う戦略

　新入社員の入社は、文具業界において重要なイベントの1つである。電卓・パソコン・机・椅子といった備品の需要が高まるからだ。この場合、毎年4月が固定的なイベント時期となるが、季節が固定されないイベントとして、各種セミナーや展示会、周年行事などがある。こうしたイベントが発生する企業では、いわゆるノベルティー系の商材の引き合いが高まるからだ。

　ボールペンなどのステーショナリーに企業名やイベント名、○○周年などの「名入れ」をするニーズも発生するが、周年行事などのイベントを推測するキー情報はやはり「創業年月」「設立年月」といった日付情報であ

る。ある文具メーカーでは、半年先に創業記念がある企業について、システム上でアラートを出して営業担当者に通知する仕組みを備えている。

> **文具メーカーが着目している主なEBM情報**
> ・新入社員の入社　　・各種セミナーの開催　　・展示会への出展
> ・設立年月日・創業年月日（周年行事）　　など

⑦オフィス用品メーカー
～「大規模オフィスビルの再開発需要」と「二次空室」を狙う

　あるオフィス用品メーカーでは、「企業の移転」が法人EBMの起点となっている。顧客との強固な関係性を基盤としたアカウント営業により入手した大規模オフィスへの移転の情報（兆し）を基に、「2期連続増収」「従業員数が増加」といった定量情報を加えることで、移転というイベントの精度や確度を推測・判断している。

　アプローチにおいては、面と向かって「そろそろ移転ですね、うちの商材はどうでしょうか」というようなストレートな営業ではさすがに訴求力がないため、「働き方改革」などのキーワードを用いた婉曲的なアプローチをしている。

「二次空室」というイベントもある。これは、ある企業がテナントを移すことで、空いたテナントに生じる需要を狙うものだ。イメージしやすいように、具体例を挙げて紹介しよう。

　例えば東京都新宿区の中層ビルテナントに、従業員1,000名・売上高100億円のA社がオフィスを構えていたとしよう。このA社が業績を伸ばし、2年後には従業員1,200名・売上高150億円に成長。新宿区のテナントが手狭になってきたため、新たに完成する東京都渋谷区の高層ビルテナントにオフィスを移すことになった。オフィス用品メーカとしては、もちろん渋谷区の新しいオフィスに関する営業を行うわけだが、ここで「二次空室」も考える。

　つまり、A社が退去した後に残る新宿区の中層ビルテナントに入居する企業を狙うということだ。新宿区の中層ビルテナントは、移転したA社が

従業員1,000名・売上高100億円だったときに入居していたため、そこに入居するのは2年前のA社と同規模・類似業種の企業という想定ができる。現在はそれ以下の規模であっても、上昇機運にあってこれから従業員1,000名・売上高100億円に到達しそうな企業であれば、このテナントにフィットする可能性が高いということになる。

「二次空室」とは、こうした情報を事前にキャッチし、ターゲット化しておくことで、移転する企業のみならず退去後のテナントでも契約を狙う戦略である。「三次空室」「四次空室」といった応用も可能であり、実際に考えられているようだ。

　なお、企業の移転には業績悪化に伴う移転、つまり今よりも小規模のテナントへの移転もあるが、その場合は一般的にそれまで利用していた机・椅子などをそのまま持っていくという流れになりやすいため、同じ「移転」でもターゲットとして魅力がない、ということになる。

オフィス用品メーカーが着目している主なEBM情報

・企業の移転（二次空室への入居も含む）

---

3 企業の設備投資実績とイベントの関係

１．企業への意識調査から設備投資の法則を探る

　これまでのところで、法人EBMの５つの効果や各業界で取り入れられていることについてはご理解いただけたかと思う。ただ、せっかくイベントの発生をつかんでも、それが営業成果につながらなければモチベーションが上がらない。そこで、企業はイベントの前後で、実際に融資を利用するものだろうか？──というところを確認しておきたい。

　ここでは、「企業が設備投資を行うことについて、何らかの法則があるのか」、そして「多くの業界が法人EBMの中で注目している周年企業にはどのタイミングでアプローチすべきなのか」、こうした点について、帝国データバンクが2019年５月に実施した「2019年度の設備投資に関する企業の意識調査」を読み解きながら探ってみよう。なお、同調査の回答数は約１万社にのぼっており、サンプル数としては十分なものといえるだろう。

■2019年度には６割を超える企業が設備投資を実施

　まず、2019年度（2019年４月〜2020年３月）に設備投資を実施する予定（計画）があるかという設問に対し、設備投資が『ある』とする回答（「すでに実施した」「予定している」「実施を検討中」の合計）は62.3％となり、６割を超える企業が設備投資を実施・予定していた（**図表14**）。内訳は、「すでに実施した」が6.6％、「予定している」が34.1％、「実施を検討中」が21.6％であった。他方、「予定していない」は29.6％であった。

　設備投資が『ある』と回答した企業が実施した・予定している設備投資の内容（複数回答可）を見ると、「設備の代替」が45.5％でトップだった。

次いで「既存設備の維持・補修」（33.3％）、「省力化・合理化」（28.7％）、「情報化（IT化）関連」（28.6％）、「増産・販売力増強（国内向け）」（21.9％）が続いた。

設備の老朽化や事務機器等のメンテナンス時期に伴う更新需要もさることながら、深刻化する人手不足に対する省人化設備への投資や情報化への投資が上位にあがっていることが分かる。他方、政府が進めている災害への事前対策を強化する投資「防災・減災設備の取得」は、2.8％と低い割合にとどまった。

企業の具体的な声も紹介すると、「従業員不足が深刻化している中で、省力化および協力工場のために設備投資を大幅に増やす予定」（東京都、米麦卸売）、「品質向上のため、最新検査器具を導入」（愛知県、自動車部品・付属品製造）などがあった一方、「Windows7のサポート終了に伴うパソコンの入替え」（岡山県、一般管工事）、「消費税率引上げに伴う軽減税率への対応のために関連システムの改修を実施予定」（神奈川県、生薬・漢方製剤製造）など、システムのサポート終了や増税といったイベントに伴う対応を検討しているというものがあった。

2.「周年」のタイミングは設備投資の予兆

企業が投資を行うきっかけは様々であり、自社の目標実現のために前向きに行うものもあれば、外部環境への対応を迫られて行うものもある。同じ外部環境への対応でも、環境変化を受けた事後対応もあれば、環境変化を先読みして前倒しで前向きに対応するものもあろう。この中で企業の周年のタイミングでの投資は、自社の目標実現のために行う前向きな対応の典型例といえよう。

インターネットで「周年」というキーワードを検索すると、各社の「○周年記念サイト」「記念セール」「記念イベント」「○周年感謝キャンペーン」などがヒットし、周年のタイミングで多くの企業が何らかの「しかける行動」をとっていることが分かる。では、各企業は長年の事業継続の結果である周年記念として、具体的にはどのようなことに取り組んでいるの

図表14　2019年度の設備投資計画

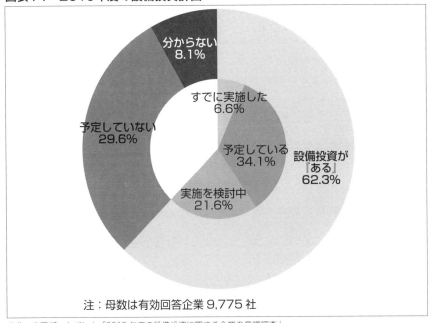

分からない
8.1%

すでに実施した
6.6%

予定していない
29.6%

予定している
34.1%

設備投資が
『ある』
62.3%

実施を検討中
21.6%

注：母数は有効回答企業 9,775 社

出典：帝国データバンク「2019年度の設備投資に関する企業の意識調査」

だろうか。

　まず、上に挙げた記念セールや感謝キャンペーンなどは、「周年を活用したプロモーション」である。他方で、従業員のモチベーション向上を狙って「社員向けの感謝イベント」を開催する企業もある。

　同様の社内的な動きとして、企業の成り立ちから沿革を「社史としてまとめる」こともある。さらに、「新たなビジョンやミッションを掲げる」こともあるが、これは社内的に従業員のモチベーションや一体感を高めることにもなれば、対外的なブランディングに役立つことにもなり、その目的やバランスは企業によって異なる。

「事業拡大を目指した新社屋建築や事業所の開設」なども、縁起の良い周年の時期に行われることが多い。いずれにせよ周年は、企業が新たな取組みを起こしやすいイベントといえる。

■節目周年では設備投資が行われる確率が高い

　では、周年のタイミングでの設備投資が他の年と比べて実際に多いのか
を、先の調査結果から検証してみよう。

　設備投資が『ある』と回答した企業の割合はすでに見たように62.3％で
あったが、「10周年」「60周年」「80周年」「100周年」「100年以上の周年」
を迎える企業については、設備投資を行う割合が全体の割合よりも高かっ
た（図表15）。すべての周年で設備投資をする企業の割合が高いわけでは
ないが、「10周年」や「100周年」といった節目としやすい周年では、設備
投資を行うことが多いという結果になっている。

　ちなみに、2019年に周年を迎える企業は全国に約14万社あり、そのうち
「100周年」を迎える企業は1,686社あった。これだけの数の企業にビジネ
スチャンスが転がっていることになる。

　設備投資の規模も見ておこう。2019年度に設備投資が『ある』と回答し
た企業に対して設備投資予定額を尋ねたところ、「1,000万円以上5,000万円
未満」が26.9％で最も高かった。以下、「100万円以上500万円未満」
（19.6％）、「1億円以上10億円未満」（15.9％）が続き、設備投資予定額は平
均1億3,554万円となった。

　この設備投資予定額を、周年のタイミングと比較してみる。

　図表16は、縦軸に平均投資予定額を、横軸に業歴年数（1年目〜100年
目）をとった棒グラフである。この結果、周年のタイミングよりも、その
数年前のほうが設備投資予定額が高くなる傾向にあり、特に「30周年」
「70周年」「80周年」「100周年」でその傾向が読み取れる。

　これは、周年を迎えるときには設備投資を完了しているのが一般的であ
り、新社屋建設や新設備導入では数年前から投資が始まるからである。周
年を迎えたとき、その後の飛躍の象徴として投資の内容がお披露目される
のである。

　そう考えると、周年を迎えたタイミングで顧客へアプローチしても「時
すでに遅し」ということになる。ただ、周年を見越したアプローチは当然
有効であるし、周年のタイミングにおいて当該企業が想定していなかっ

図表15　周年における設備投資割合

(%)

	設備投資が『ある』	予定していない	分からない	合計
全体	62.3	29.6	8.1	100.0
10周年	63.8	31.9	4.3	100.0
20周年	45.8	38.9	15.3	100.0
30周年	57.6	33.1	9.3	100.0
40周年	54.1	34.7	11.2	100.0
50周年	57.0	37.2	5.8	100.0
60周年	64.1	31.3	4.7	100.0
70周年	60.3	29.8	9.9	100.0
80周年	77.1	11.4	11.4	100.0
90周年	55.0	35.0	10.0	100.0
100周年	72.1	23.3	4.7	100.0
100年以上の周年	68.3	26.8	4.9	100.0

図表16　業歴別に見る平均投資予定額

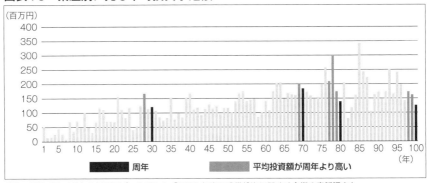

出典：図表15・16ともに帝国データバンク「2019年度の設備投資に関する企業の意識調査」

た、あるいは思いつかなかったような提案を持ち込んで「それもやろうか」ということになる可能性も出てくる。

「周年のタイミングは設備投資の予兆」と捉え、そのチャンスを確実にものにするために、日頃からこうした企業や経営者のビジョン・計画を把握

できるようコミュニケーションを深めておく必要があろう。

　図表17は、縦軸に平均投資予定額を、横軸に業歴年数（1年目〜100年目）をセットした散布図だが、ここからは「業歴が長くなると投資予定額が増加する」という傾向が読み取れる。

　業歴別に設備投資の内容を見ると、業歴10年未満の企業では「事務所等の増設・拡大（建替え含む）」が最も多く、「情報化（IT化）関連」が続いた。10年を超えると「設備の代替」が最も多くなり、40年を超えると「情報化（IT化）関連」の順位が低下するなど、業歴によって企業の設備投資の内容は変化していく。

　こうした業歴に「創業期→成長期→成熟期→衰退期→再生期・経営破たん」という企業のライフステージを重ね合わせると、その企業の状態が鮮明になる。

　創業期・成長期にある業歴10年未満の企業では、「事務所等の増設・拡大」や「情報化関連の投資」を行う可能性が高いと想定できる。業歴が何十年にもなり、トップラインは横ばいだが安定感がある企業では、「設備の代替」や「既存設備の維持・補修」が想定される。こうした仮説を持ったうえで企業の経営者と対話をすることで、設備投資の予兆をより確実につかめるようになるはずである。

3．周年以外のイベントと設備投資の関係

　設備投資の予兆となり得るイベントとして、「周年」のほかにどのようなものがあるのかについても、引き続き調査結果を読み解いてみよう。

　図表18は、調査実施前に発生したイベント別に、設備投資が『ある』と答えた企業の割合を示したものである。

　これを見ると、「商号」を変更した企業は変更していない企業に比べ、設備投資が『ある』と回答した割合が5.0ポイント高かった。商号の変更には「成長に伴いビジョンが明確になったのでそれを社名にも込める」「ブランド認知のためにサービス名との同期を図る」「グローバルで通用する社名に統一する」といった前向きなものもあれば、「親会社が変わった」

図表17　業歴年数と平均投資予定額

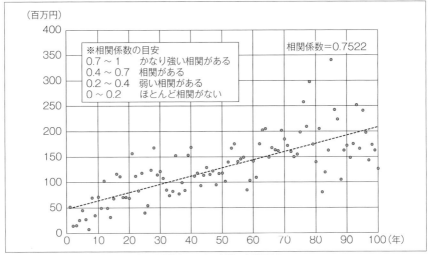

出典：帝国データバンク「2019年度の設備投資に関する企業の意識調査」

「不祥事を起こしたイメージを変えるため」といった受動的なもの、ネガティブなものもある。

　いずれにせよ、商号を変更することで、企業のイメージが変わることは間違いない。この調査結果を見る限り、商号の変更はポジティブなケースが多く、その結果として新たな取組みのために設備投資を行っていると推測できる。

　一方、「代表者」の交代があった企業は交代がなかった企業に比べ、設備投資が『ある』と回答した割合が1.0ポイントだけ高かったが、大きな差は見られなかった。代表者交代の要因も、「計画的な事業承継」「病気や死亡などで突然変更を余儀なくされた」「任期満了」「金融機関からの要請」など様々である。

　どういう事情があるにせよ、代表者が代わってすぐに設備投資をするというケースはそう多くないと推察される。ただし、代表者が代わることで新たな経営方針を打ち出す可能性も高い。設備投資についても交代からそう遠くないタイミングで生じる可能性があるため、しばらく動向を見守る必要があるだろう。

■業績の向上は分かりやすい設備投資の予兆

　設備投資をするためには当然ながら資金調達が必要である。借入れに頼らないのであれば、これまた当然ながら利益を出して蓄積する必要がある。そこで次に見るのは、「業績の変化が設備投資の有無にどう影響するのか」という点である。

　「売上」については、増加した企業が減少した企業に比べ、設備投資が『ある』と回答した割合が8.9ポイントも高かった。また「税引き後利益」については、2期連続黒字の企業が、2期連続赤字と比べて19.0ポイント、赤字に変化と比べて10.8ポイント、黒字に変化に比べて6.1ポイント、設備投資が『ある』と回答した割合が高かった。

　売上拡大により「従業員が増えて事業所が手狭になった」「さらなる拡大を目指した先行投資をする」といったケースが典型だが、「利益が出たタイミングで以前から検討していた投資を行う」といった企業もある。いずれにせよ、業績が向上している企業が設備投資に前向きである、ということは間違いなさそうだ。大変分かりやすい設備投資の予兆といえよう。

４．設備資金の調達方法は金融機関からの借入れが約３割

　金融機関関係者であれば、設備投資に伴う資金調達の方法が気になるであろう。調査結果では、2019年度に設備投資が『ある』と回答した企業の主な資金調達方法としては、「自己資金」が48.4％で最も高く、以下「金融機関からの長期の借入れ」（27.9％）、「金融機関からの短期の借入れ」（6.3％）が続いた。

　設備投資に伴う資金調達方法は、「自己資金」と「金融機関からの借入れ」で全体の82.6％と8割以上を占めており、近年、新しい資金調達の方法として脚光を浴びている「クラウドファンディング」は、まだ0.1％にとどまっている。

　設備投資予定額別に見ると、100万円未満の企業では「自己資金」が7割を超えており、1,000万円未満の企業でも半数超が「自己資金」と回答

図表18　イベント別に見る設備投資『あり』の割合　(%)

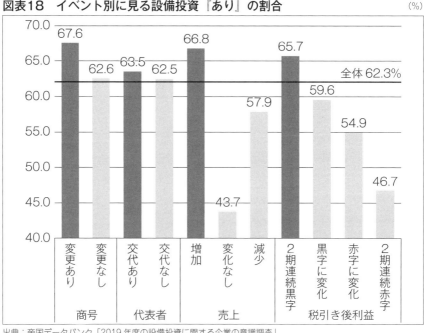

出典：帝国データバンク「2019年度の設備投資に関する企業の意識調査」

している。他方、設備投資予定額が1億円以上になると、半数を超える企業が「金融機関からの長期の借入れ」で調達すると回答している。

　なお、「金融機関からの借入れ」といっても、必ずしもメインバンクから借りるとは限らない。自行庫が選ばれるためには、単に金利を下げるだけの提案ではなく、その企業を理解し、成長絵図を一緒に描くような対話や支援が必要となる。

■法改正など外部・マクロ環境の変化に注目する

　2019年度に設備投資を「予定していない」と回答した企業2,896社に対して、設備投資を行わない理由を尋ねたところ、「先行きが見通せない」が44.4％でトップとなった。また、中小企業では「借入れ負担が大きい」や「手持ち現金が少ない」が大企業と比較して高く、中小企業を取り巻く経営環境の厳しさを示す結果となった。

ただ、設備投資を行う予定がない企業でも、法改正などの外部環境の変化に対応せざるを得ないケースもある。中小企業に対しては、ものづくり補助金やIT導入補助金などがあり、設備投資の資金負担を抑えるための国の支援も活発に行われている。コラムで後述するが、こうした顧客企業を取り巻くマクロ環境を把握しておくことも重要である。

　本項では、設備投資に関する調査結果から、その予兆となるイベントを探ってきた。企業のプロフィール情報である「業歴」「商号」「代表者」の変化において、業歴における「周年」のタイミングや商号・代表者の変更が設備投資と一定の関係があることが裏付けられた。

　これらの変化は、企業情報データベースを活用することで把握できる。創業・設立年さえ分かっていれば、「周年」については継続的にアプローチすることが可能である。商号や代表者については企業情報データベースで変化を検知できれば、あらかじめ仮説を立ててのアプローチが可能になる。

　企業活動の結果である「売上」「税引き後利益」が増加すれば、設備投資意向が高くなる──という関係もデータから裏付けられた。

　金融機関であれば、融資先については決算書を入手できるのが通例なので、好業績の企業に対しては新たな案件につながるヒアリングに努めるべきであろう。未取引先など決算書の入手が困難なケースでも、企業情報データベースから確認できることがある。

　設備投資に至る要因はここで取り上げたものに限定されるものではないが、「設備投資」という金融機関の営業担当者にとって大きな営業機会を得るために、企業の変化とその予兆をつかむことが有効であることを、お分かりいただけたのではないだろうか。

第 3 章

数値感覚を身につける

1	EBMの精度を高める 数値感覚の磨上げ

1．データを基に正しく見る習慣を身につけよう

　第3章では、企業についての様々な数値を見ながら、法人EBMを活用するためのベースを作っておきたい。

　本書では、法人EBMを「企業のライフステージを考え、企業情報からイベントや変化および予兆を把握し、成約期待値が高い企業に対して、タイミング良くアプローチする手法」と定義した。「企業の変化をアプローチのきっかけにする」というものだが、その変化が「よくある一般的なもの」なのか、「レアなもの」なのかを判断するためには、数値感覚を磨いておく必要がある。

　2019年のベストセラー『FACTFULNESS（ファクトフルネス）10の思い込みを乗り越え、データを基に世界を正しく見る習慣』（ハンス・ロスリング、オーラ・ロスリング、アンナ・ロスリング・ロンランド著、日経BP）は、思い込みに捉われずデータを基に世界を正しく見る習慣を紹介し、世界で100万部を売り上げた。

　本書が指摘する思い込みの1つ「分断本能」は、何事も2つのグループに分断されると思い込んでしまうもの。例えば、世界の国々は「先進国」と「途上国」に分けられ、世界はまだまだ貧困にあえいでいると思い込んでしまう（実際は、途上国の枠に入るのは全人口のたった6％）。しかも、賢い人ほどこうした事実を正しく理解しておらず、間違える傾向にあるそうだ。

　企業の世界でも同じことが起きている可能性はある。「分断本能」でいえば、世の中の企業を「上場企業」と「それ以外」に分け、中小企業を1

つのくくりの中で考えてしまってはいないだろうか。厳しい法人営業で成果を出し続けるためには、企業の世界を正しく知る習慣が必要だ。

　これから統計やオープンデータも引用しつつ、企業に関する様々な数値を取り上げ、各データの特性について解説する。こういった数値感覚やデータの特性理解は、経営者と会話をする際にも当該企業のポジションの推測に役立ち、「鋭い営業担当者だな」と相手の信頼を高めることだろう。

2. 世の中にどれだけの企業があるかを知る

〈日本国内に存在する企業の数〉

　日本国内には、企業が一体何社あるのだろうか?　素朴な問いではあるが、即答できる人は意外と少ないかもしれない。

　まずは、総務省統計局が所管する「経済センサス」を見てみよう。執筆時点の最新データである2016年の経済センサス活動調査によると、企業等の総数は385万6,457社（統計資料上の表記は「社」ではなく「企業」）となっている。この内訳は、「会社企業」が162万9,286社、「会社以外の法人」が24万8,152社、「個人経営（個人事業者）」が197万9,019社である。

　経済センサスは、日本国内の事業所や企業の活動の全貌を統計的に把握し、産業構造を明らかにするとともに、各種の統計調査を実施するうえでの母集団情報を整備する——ことを目的とした統計調査である。企業や事業所数の分布を産業分類・従業員数・資本金・売上などの軸で網羅的に把握することができ、「どのエリアに・どの産業が・どれくらいの企業数で存在しているのか」を把握するには、うってつけのデータである。

　公的な統計情報が優れている点として、①信頼性、②網羅性、③経年変化の把握が可能——といった点が挙げられる。さらに、近年ではこれらの情報がダウンロードできるようになったため、情報の収集・編集・加工が簡単にできることも利点だろう。

　その反面、「誰かが集めた」「誰でも入手が可能な」いわゆる「2次情報」であり、⑦即時性がない（鮮度の問題）、⑦個別のデータまで掘り下げられない（粒度の問題）など、独自性や応用の幅は限定されてしまう。

経済センサスは基礎調査と活動調査が交互に実施されているため、企業の基礎情報については2〜3年に1度、売上高などの項目は活動調査でしか確認しないため5年に1度の公表となる。そのため、⑦鮮度の問題や、焦点を当てたい企業カテゴリーがどこに該当するのかを限定的にしか把握できないという①粒度の問題もあるので、そうした点を踏まえてデータと向き合う必要がある。

■法人番号があっても「実在性」は担保されない

次に、国税庁所管の「法人番号」を見てみよう。この付番数が企業数を計る指標になる。

法人番号は「行政手続における特定の個人を識別するための番号の利用等に関する法律」（番号法）によって、2015年12月に公開されたもので、法人番号公表サイト（http://www.houjin-bangou.nta.go.jp/）で株式会社、有限会社等を個別企業ごとに確認することができる。2019年9月末時点では479万5,331社が確認でき、経済センサスより網羅的であることが分かる。

しかし法人番号も万能ではなく、基本的に法務省所管の商業登記をベースに番号が付与されているため、個人事業者は含まれておらず、個別企業の情報も法人番号・商業登記上の商号・本店住所の「基本3情報」に限られる。

法人番号を管轄する国税庁には、当然ながら納税に関する企業統計もある。国税庁では毎年、事業活動を行い、税務申告をしている企業数を「法人税の課税状況」として発表しており、これによれば2017年度の申告法人数は271万6,818社である。

前述の法人番号公表サイトの社数とは乖離があるが、この差分「計算上の約207万社が法人税を払っていない企業」ということになる。つまり、実に全体の約40％がペーパーカンパニーや休眠会社、あるいはそれに似た状態の企業であり、法人番号公表サイト上ではそうした企業も含まれていることになる。すなわち、法人番号公表サイトに掲載があるというだけでは、その企業が存在しているか否か（実在性）が担保されていないということになる。

図表 19　出典データ別に見る企業数

		会社企業 162 万 9,286 社
総務省統計局 経済センサス（2016 年）	総数 385 万 6,457 社	会社以外の法人 24 万 8,152 社
		個人事業者 197 万 9,019 社
国税庁 法人番号（2019 年 9 月）	法人番号の付番数 479 万 5,331 社	
国税庁 法人税の課税状況（2017 年度）	申告法人数 271 万 6,818 社	
帝国データバンク TDB 企業コード（2019 年 10 月）	発番総数 約 660 万社	

■実際に活動している企業は日本国内で約470万社

　民間の信用調査機関である帝国データバンクでは、「1 企業・1 コード」で設定した企業コード（TDB企業コード）によって企業情報を管理している。

　2019年10月時点では、国内においては660万社に対してコードを発番しているが、これは前述の法人番号よりも総数が多い。その理由は、TDB企業コードは個人事業者のほかに、すでに倒産・解散・休廃業・被合併などで消滅した企業も収録・蓄積しているためである。

　過去に消滅した企業の企業コードはそのまま残り、再利用することはない。これによって、過去の倒産・解散・被合併情報もデータベース化され、企業の経年的な動態や履歴を正確に追うことができる。例えば、「最近設立されたA社の経営者は過去に倒産したC社の経営者だった可能性が高い」といったことが分かるのである。

　では、「日本の企業数」という冒頭の命題について以上を総合すると、会社等の法人数は法人番号公表サイトから479万社、会社等以外の個人事業者は経済センサスから198万社、これらの合計「677万社」が日本に存在

すると推計される。

　ただしこれらはペーパーカンパニーなど実質的に活動していないものも含むため、実際に活動している数としては「申告法人271万社＋個人事業者198万社＝469万社」と推定するのが妥当であろう。

3. 売上規模・従業員数別の企業数や黒字企業数を押さえる

〈売上規模別の企業数〉

　全体の企業数を把握したら、次は「企業規模」の分布についても把握しておきたい。例えば「年商10億円以上の企業を営業ターゲットとする」という戦術を立てても、自行庫・自店の営業エリアにどれだけ該当する企業が存在しているのかを事前に把握しておかなければ、「想定した企業がほとんどありませんでした…」といったことになりかねない。

　第1章で紹介した「日本の営業実態調査2019」でも、目標を達成できなかった理由の1位は「営業戦略が悪かった」であったことを思い出していただきたい（P17、図表7）。営業戦略の精度を高めるためには、ターゲットとする市場カテゴリーのプレイヤー数や、自行庫のシェアを把握することが第一歩だろう。

「企業規模」については「年商」で計るのが一般的だが、売上高を調査している経済センサス活動調査を見てみると、「1億円未満」が8割以上という分布となる（図表20）。これは200万近くの個人事業者を含んでいるため、このような分布となる。

　では、金融機関の法人営業という観点から法人に限定して、個人事業者を除くとどのような分布になるのだろうか？

　経済センサスでは個人事業者を除いた売上高カテゴリー別の分布が公表されていないため、帝国データバンクの企業概要データベースCOSMOS2を使って見てみよう。年商レンジ別の企業数を見てみると、「年商1億円未満」の企業が実に全企業の約半数を占める。つまり、年商が1億円を超えると、その企業はすでに「全国の企業の中で半分より上」ということになる。

図表 20　売上高別の企業数割合

売上高	経済センサス	COSMOS2
1 億円未満	80.9%	50.6%
1 億円以上 3 億円未満	10.8%	25.5%
3 億円以上 10 億円未満	5.2%	14.7%
10 億円以上 100 億円未満	2.7%	7.9%
100 億円以上	0.4%	1.3%
合計	100.0%	100.0%

出典：経済センサス活動調査（2016 年）、帝国データバンク「COSMOS2」（2018 年 12 月時点、ただし個人営業を除く）

　年商10億円以上の企業になると、全企業の9.2％程度と「少数派」となる。「中小零細企業が日本を支えている」というフレーズはよく聞くが、こうした「数値感覚」として具体的に知っておくとよい。

　「うちはたかだか年商10億円程度だからさぁ」と自虐的に言う社長がいたら、「何を言っているんですか、すでに日本の上位10％以内ですよ」と、具体的に背中を押すことができる。

■上場企業を除いた企業の平均従業員数は21名

〈従業員数別の企業数〉

　企業の規模を計る指標として「従業員数」も用いられることがある。こちらも確認しておこう。

　2016年の経済センサス活動調査では、常用雇用者規模別の企業数を会社企業・会社以外の法人・個人事業者という経営組織形態別で開示しており、会社企業と会社以外の法人を合わせた法人における雇用者数０〜４名の比率は55.8％となっている（図表21）。

　経済センサスにおける常用雇用者数は嘱託やパートタイマー、アルバイトといった雇用形態も含まれるので、正社員数を収録する帝国データバンクの企業概要データベースCOSMOS2も見ておこう。年商と同様に個人事業者を除いて集計したところ、「従業員数５名未満」という零細規模が全

企業の約53％を占めており、従業員100名以上ともなると、全体のわずか3.4％になる。

　この「数値感覚」を身につけておき、普段接している経理部長などに対して「従業員が30名以上の会社は全体の1割程度なんですよ」と伝えてあげるだけで話のネタにもなる。自行庫の営業エリア内の状況も一緒に伝えれば、「この担当者はこの辺りの企業について詳しいな」と思ってもらえ、商談を聞く姿勢にも変化があるかもしれない。

　従業員数に関する数字として「平均従業員数」もチェックしておこう。果たして何名だろうか？　答えは24名で、上場企業を除くと21名である。

　ただし、前述のとおり従業員数5名未満が半数以上を占め、グラフでみると直感的に分布が左側に大きく偏っている「ベキ分布」である。このような場合は、極端な数字（この場合は上場企業の従業員数）の影響を受ける平均値よりも、中央値を見たほうが企業分布の実態を把握することができ、その値は4名である（**図表22**）。

　ちなみに、上場企業だけで平均すると値が一気に跳ね上がり、平均従業員数は1,015名となる。なお、上場企業は2018年末時点で3,655社であるが、各社の従業員数の総計は約380万人にのぼり、全企業の従業員数の合計である3,145万人の12％を占めていることになる。企業数に比べて多いという印象もあるだろうし、「上場企業で働くのは狭き門だ」という感想もあるかもしれない。

■利益計上しているだけで全企業の上位3割に入る？

〈黒字企業の割合〉

　次に、「儲かっている企業」の数を見てみよう。「ぼちぼち」はデータ化できないため、ここでは「利益を出している企業」を儲かっている企業とする。

　先ほど紹介した国税庁の「法人税の課税状況」によれば、全企業（年1回決算）の約3分の2にあたる177万7,424社が欠損計上を申告している（**図表23**）。つまり、利益計上をしているだけで、この側面では「上位3分の1」に入っていることになる。

図表 21　従業員数別の企業数割合

従業員数	経済センサス	COSMOS2
0〜4人	55.8%	53.4%
5〜9人	17.3%	18.3%
10〜19人	11.8%	12.2%
20〜29人	4.8%	4.9%
30〜49人	4.0%	4.3%
50〜99人	3.1%	3.4%
100〜299人	2.2%	2.4%
300〜999人	0.7%	0.8%
1,000〜1,999人	0.1%	0.1%
2000〜4,999人	0.1%	0.1%
5000人以上	0.0%	0.0%
合計	100.0%	100.0%

出典：経済センサス活動調査（2016 年）、帝国データバンク「COSMOS2」（2018 年 12 月時点、ただし個人営業を除く）

図表 22　従業員数の平均値と中央値

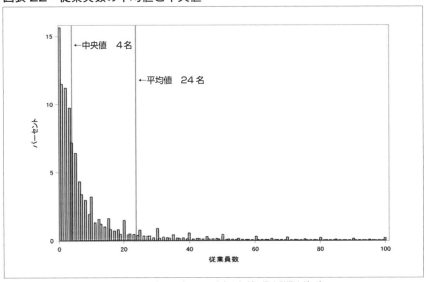

出典：帝国データバンク「COSMOS2」（2018 年 12 月時点、ただし個人営業を除く）
注：グラフは従業員数 100 名を上限として作成

図表 23　納税企業の利益・欠損割合

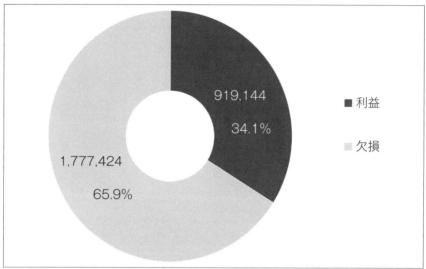

出典：国税庁 平成 29 年度「決算期別の普通法人数」を基に年 1 回決算の法人を対象に作成

　訪問先において「赤字だから決算については話したくない」と言われた場合も、「ご存知ですか？　全企業の 3 分の 2 は赤字申告企業なんですよ」と具体的な数字とともに伝えてあげることで、相手の心理的なハードルが下がり、会話が続く可能性が高くなるだろう。

2 企業の決算期や業歴の イメージをつかむ

1.「企業は3月決算が多い」は本当か？

　金融機関に限らず、多くの業界では「決算期」というイベントを意識した営業活動が行われている。分かりやすいのが、残予算の消化や節税ニーズを狙った営業活動だ。

　決算で利益が出そうな場合、企業は法人税負担の軽減を考える。この節税ニーズを狙った代表的なものが「経営者保険」である。

　節税目的で契約される経営者保険として、かつては全損型（払い込んだ保険料の全額が経費として扱われるもの）で、一定期間経過後に解約すると、多くの解約返戻金が受け取れる商品が人気となった。しかしながら、当局は行き過ぎた節税が万一の保障という保険本来の在り方をゆがめるとし、この動きには急ブレーキがかかっている。

　とはいえ、節税目的での保険加入を提案するケースはいまだに多い。

■3月決算の企業は5社に1社しかない

　節税目的の経営者保険に限らず、法人EBMでは「決算月そのもの」が重要なイベントの1つであり、利益の見通しが立つ決算月の1～3カ月前は特に有効なアプローチ時期とされる。

　では、第3章のテーマである「数値感覚」に話を戻そう。「決算期が集中する3月」とよく聞くが、実際に3月決算の企業がどれくらいあるかご存知だろうか。50％？　80％？

　国税庁の資料を見てみると、実は3月決算の企業は全体の19.0％に過ぎない（図表24）。意外な数値ではないだろうか？

図表 24　決算月別の普通法人数およびその損益内訳

決算月	全体		利益計上法人				欠損法人			
	法人数	割合	法人数	割合	所得金額 (百万円)	1法人 あたり 所得金額	法人数	割合	所得金額 (百万円)	1法人 あたり 所得金額
1月	97,385	3.6%	31,344	3.4%	896,710	28.6	66,041	3.7%	257,319	3.9
2月	180,027	6.7%	58,501	6.4%	2,288,789	39.1	121,526	6.8%	609,245	5.0
3月	511,904	19.0%	192,541	20.9%	31,920,781	165.8	319,363	18.0%	6,302,023	19.7
4月	190,515	7.1%	61,178	6.7%	1,053,599	17.2	129,337	7.3%	372,998	2.9
5月	221,876	8.2%	73,340	8.0%	1,619,230	22.1	148,536	8.4%	481,976	3.2
6月	261,993	9.7%	88,077	9.6%	1,994,023	22.6	173,916	9.8%	638,287	3.7
7月	204,854	7.6%	66,767	7.3%	1,167,496	17.5	138,087	7.8%	438,820	3.2
8月	235,653	8.7%	75,784	8.2%	1,492,624	19.7	159,869	9.0%	524,520	3.3
9月	292,541	10.8%	100,225	10.9%	2,692,310	26.9	192,316	10.8%	761,854	4.0
10月	127,901	4.7%	42,202	4.6%	845,214	20.0	85,699	4.8%	281,449	3.3
11月	96,515	3.6%	32,556	3.5%	735,009	22.6	63,959	3.6%	265,328	4.1
12月	275,404	10.2%	96,629	10.5%	6,818,416	70.6	178,775	10.1%	1,142,157	6.4
	2,696,568	100.0%	919,144	100.0%	53,524,200	58.2	1,777,424	100.0%	12,075,975	6.8

出典：国税庁 平成29年度「決算期別の普通法人数」を基に作成

　ちなみに決算月は業種・業界によっても異なり、百貨店や流通業では2月決算が多く、外資系企業は12月決算が多い傾向にある。

　1年に占める1カ月の割合を単純に計算すると8.3％（12分の1）にすぎないわけだから、これを基準にすると3月決算の19.0％は多いし、これに次ぐ9月決算の10.8％、12月決算の10.2％も多いといえる。また、6月決算（9.7％）、8月決算（8.7％）までが基準以上となる。

　ちなみに、決算日については必ず「31日」等の月末でなくてはならないというルールはなく、5日や19日等も、よくあるとはいわないが珍しくもない。

■決算期が3月以外の企業をターゲットに

　図表24で、決算月ごとに1法人あたりの所得を見ると3月や12月は他の月に比べて非常に高い数字となっている。これは、上場企業が多いことが理由と考えられる。**図表25**のとおり、上場企業に限れば3月決算の割合は64.5％にも上り、12月決算の割合も11.2％と高い。「決算期が3月に集中

する」と思い込んでしまう背景には、こうした上場企業のイメージがありそうだ。

　上場企業の決算が3月に集中しているのは、学校や行政の年度が3月末を区切りにしているのに合わせているからと推測される。かつては総会屋対策として株主総会を6月末に集中させることもあったが（株主総会は決算後3カ月以内に行われる）、今はほぼその必要はなくなっている。

　上場企業の子会社などは連結決算の都合上、同様に3月決算が多くなるが、一般の中小企業は業歴の浅い企業も多く、自由度が高いため3月決算の集中度はさほど高くない。

　もし、ライバル行庫が「企業の決算は3月」と思い込んで営業活動を

図表 25　上場企業の決算月構成比率

決算期	構成比
1月	1.5%
2月	5.6%
3月	64.5%
4月	1.1%
5月	2.0%
6月	3.6%
7月	1.1%
8月	1.9%
9月	4.4%
10月	1.4%
11月	1.5%
12月	11.2%
未詳 or 未決算	0.3%
合計	100.0%

出典：帝国データバンク「COSMOS2」
（2018年12月時点）

しているなら、自行庫では「毎月一定数の企業が決算を迎える」ということを念頭にアプローチすれば、ターゲティングの段階で差がつけられるというものだ。

2．企業の平均年齢は何歳？

　最後に「企業の平均年齢」を見てみよう。個人の平均年齢を目や耳にしたことは1度や2度ではないと思うが、企業となるとそう多くはないはずだ。

　企業の設立を「誕生」、倒産・廃業・解散を「死」と見た場合、生存している企業の「平均年齢」は37.5歳である。

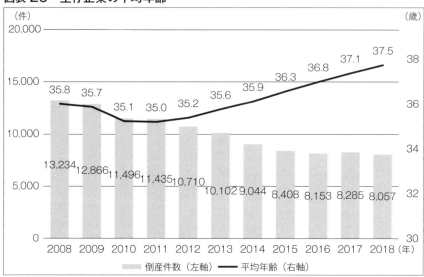

出典：帝国データバンク「COSMOS2」（各年 12 月時点）

　帝国データバンクの倒産集計によれば、**図表26**のとおり倒産件数は
2008年の１万3,234件をピークに減少基調を辿ってきた。当時、リーマン・
ショックによって大型倒産が続発、急速な景気後退によって中小零細企業
を中心に業種を問わず不況型倒産が増加した。

　2009年12月には政府による中小企業の資金繰り対策として、中小企業が
金融機関に融資の返済負担の軽減を申し入れた際、できる限り貸付条件の
変更等に応じるよう努めることなどを内容とする「中小企業金融円滑化
法」が施行された。当時は約２年間の時限立法として施行されたが、ご存
知のように２度にわたって延長された。

　2013年３月をもって終了した後も、金融庁は金融機関が引き続き円滑な
資金供給や貸付条件の変更等に努めるべきというスタンスを堅持し、事実
上継続されてきた。これによって、本来市場から退場を余儀なくされたは
ずの企業が延命され、倒産が減少してきた背景がある。

　産業や企業の新陳代謝を妨げてきたことを裏付けるかのように、企業の
平均年齢は伸びており、2018年の37.5歳という数値はリーマン・ショック

以前の水準を上回っている。

　以上、企業にまつわる様々な数値を概観してきたが、これらはすべて全国ベースの数値である。ただ、読者が担当する地域でも割合に大差はないと想定される。もし差があれば、それこそ地域特性として認識しておきたいポイントとなる。アプローチ先の選定においてはもちろん、実際の営業場面でも、こうした「数値感覚」は必ず役に立つだろう。

PESTアプローチにより
マクロトレンドを踏まえた営業を

　優れた営業パーソンは、顧客のことをよく理解しているといわれる。それは、顧客の事業内容はもちろんのこと、ビジネスモデルとその強みや弱み、得意先、顧客が置かれた市場環境などを理解し、顧客に寄り添った提案をすることで、顧客に受け入れられる可能性が高まるからであろう。つまり法人営業においては、「顧客の」マーケティング環境を把握することが重要なのである。

　マーケティング環境の把握は、企業の外部・内部環境を分析し、市場における機会や脅威を明らかにし、マーケティングの課題を洗い出して、具体的な施策を検討するために行うものである。一般的なマーケティング戦略のプロセスを図1に示す。

「環境分析」は通常、自社（自行庫）の戦略を考えるために行うものだが、顧客（取引先）の市場環境の分析にも活用できる。昨今は金融機関でも事業性評価などの取組みにおいて、図1に挙げたようなマーケティングのフレームワークを活用することが増えている。こうした分析には大小様々なレベルがあるが、まずは「大局を捉える」という観点からマクロ環境分析に取り組んでみてほしい。

　マクロ環境とは、企業を取り巻く外部環境であり、「企業が自身でコントロールすることは困難だが、企業活動への影響は免れないもの」を指す。自行庫の取引先に影響するマクロ環境を把握すると、取引先に対する営業仮説を深めることができる。ここでは、マクロ環境分析の代表的なフレームワークである「PEST分析」を例にとって考えてみることにする。

　PEST分析とは、Politics（政治）、Economy（経済）、Society（社会）、Technology（技術）」の4つの頭文字を取ったもので、企業を取り巻くマ

図1　マーケティング戦略のプロセス

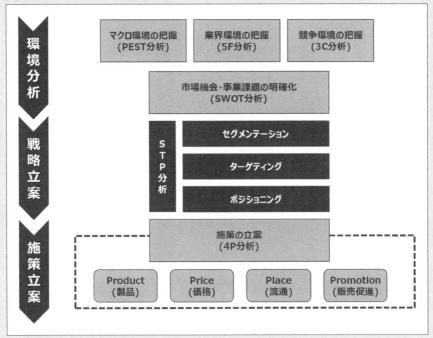

クロ環境が現在または将来、企業にどのような影響を与えるかを把握・予測するためのマーケティング・フレームワークである（図2）。

　図2の項目を見ただけでは大きすぎてぼんやりするかもしれないが、これら4つの要素の変化が企業に与える影響を、具体的に見ていこう。

■消費増税や法改正が取引先に与える影響を考察

①政治（Politics）

　日本では一時期を除いて自民党政権が長く、体制が大きく変動するような政治局面は少ないといえるが、それでも政治的な決定による影響は常に生じている。

　例えば消費増税も政治的な影響の1つである。2019年10月の増税では軽減税率が導入されたことで、小売店はレジシステムの改修や入替えなどの対応に追われた。一方、高額商品を中心に、増税前の駆込み需要を狙った

販促が目立ったのは記憶に新しい。

「法改正」は分かりやすい変化といえるだろう。規制が緩和されることで参入障壁が下がったり、逆に法律が厳しくなって参入障壁が上がったり対応コストが発生したりする。よって、その影響を受ける業界では何らかの対応を迫られる。

2019年に施行された法律として、「働き方改革関連法」がある。労働者の時間外労働の上限規制や年次有給休暇の取得義務化、同一労働・同一賃金などを内容としており、対応を迫られる企業は社内の仕組みやルールを再整備する必要があった。人事系のコンサルティング会社やシステム会社にとっては法の施行がイベントとなり、営業機会を得ることができた。

このように法改正は強制力があり、かつ企業活動に具体的な制約や自由をもたらすという点で、強い影響力を持っているため、企業は関連法制を常に注視している。

■マイナス金利政策などの経済政策や為替動向に着目

②経済（Economy）

経済環境としては、ハンドリングが困難な景気や市場の動きと、それをハンドリングしようとする経済政策などが主に想定される。

景気変動として大きな影響があったものとして想起されるのは「リーマン・ショック」であろう。倒産が増加し、世間には不景気ムードが漂った。製造業においては消費マインドの低下を受けた完成品メーカーが生産量を減らし、一次下請け・二次下請けへの発注量も減少した。このような連鎖がいたるところで発生し、景気停滞に拍車をかけた。

一方で、この景気停滞によって悪化した財務体質を改善するために、各企業が自社保有不動産を売却する動きが活発になり、不動産売買業はビジネスチャンスを得ることになった。市場内のポジションによって、イベントの意味が変わってくる好例といえる。

また、海外から商材を輸入してビジネスを展開する企業にとっては、為替の影響が大きい。円安になると輸入価格は高騰するので、為替変動には注視が必要である。

図2　PEST分析

政治　Politics	経済　Economy
・政治方針 ・法改正（規制・緩和） ・税制	・GDP ・景気動向 ・経済成長率 ・物価 ・為替、金利 ・製品生産額推移
社会　Society	技術　Technology
・人口動態 ・ライフスタイル ・流行、世論 ・価値観	・イノベーション ・新技術 ・特許 ・IT活用

　昨今は、米中や日韓の貿易摩擦により直接的な影響を受けている業種・企業もあり、経済環境は政治とも密接に絡んでいる。分析においては、それらの因果関係を追求し始めると収拾がつかなくなる。分析ではあくまで対象の取引先を中心として、そこに直接的に絡む経済事象を断片的にピックアップすればよいだろう。

■「流行」は性別・世代によって細分化される傾向に

③社会（Society）

　戦後のベビーブームで誕生した団塊の世代が定年退職を迎えたタイミングは「2007年問題」といわれ、企業にとっては「労働力低下」「ノウハウの逸失」「退職金支払い」などの問題が発生した。一方、金融機関の目線では、退職金で資産運用をしてもらう提案機会となった。こうした人口動態は緩やかな傾向も含めて「社会」の環境要因となる。

　2020年に開催を控えた東京オリンピックは、その数年前から東京に建設ラッシュをもたらし、建設業の活況につながった。これに伴い多くの外国人観光客が日本を訪れることが予想され、受入れのための宿泊、食事、キャッシュレス、多言語、ユニバーサルデザインなど、様々な対応が必要

となり、こうした外国人需要を取り込めるかで各社の業績が決まってくるであろう。オリンピックはまさに「社会的なイベント」である。

「流行」も社会の環境要因である。昨今は消費者の情報収集手段が若年者を中心にスマートフォンにシフトしており、SNSが発端で流行が生まれることも多い。タピオカドリンクも「インスタ映え」することで流行した。「流行」については昭和の時代のように全世代にわたる「大流行」が少なくなり、性別・世代などによって細分化されているのも近年の特徴であり、分析においては広い視点が必要となる。

■技術の進化とともにサポートが終了するサービスも

④技術（Technology）

テクノロジーの進化によってもビジネス環境は刻々と変化している。特に近年はAIやブロックチェーンなどの新しい技術が生まれ、その変化は加速度的になりつつある。大量のデータを扱うことができるデータサイエンティストやエンジニアが重宝され、そこに注目する人材系企業も多い。

新しい技術が生まれると新しいサービスが開発され、それらを利用するユーザーが増えてくると、そこでまた利便性を高めるサービスが生まれる——といったサイクルがある。iPhoneの登場はその良い例だ。

iPhoneが開発されると、それを楽しむためのアプリ（サービス）が次から次へと増え、ユーザーの増加とともに周辺のアクセサリーも増えて、半導体需要を含む巨大な「スマホ市場」が実現した。これは消費者の情報の検索やコミュニケーションの手段、動画閲覧などライフスタイルを激変させたイノベーションであったが、企業にとっても大きなビジネスチャンスとなった。

こうしたテクノロジーの進化の裏側で、ベンダーが「古くなったシステムやソフトウェアのサポートを終了する」という動きも目立っている。Windows製パソコンのOSであるWindows 7のサポートが2019年に終了したことは記憶に新しい。

また、2025年にはERPパッケージ大手のSAP社が提供する製品の一部がサポート期限を迎える。ユーザーはそのまま使い続けるとセキュリティ

面をはじめとしたリスクを抱えることになるので、新バージョンへの移行や他社製品への切替えを検討する必要がある。サポート終了前にシステムを入れ替える、改修するといった企業も出てくる。こうしたソフトウェアのサポート終了もベンダーはもちろん周辺業界にとって大きなイベントといえる。

テクノロジーの進化により、マーケティングにおいて顧客の変化を捉えるバリエーションも増えている。例えば、マーケティングオートメーションを利用している場合、メールが「不達」になったとしても、その情報は無駄にはならない。「不達になった」という変化から「退職したかもしれない」と推測することができる。その相手がキーマンならすぐに在籍確認を行い、本当に退職していたら新たな担当者へフォローするきっかけとなる。

ここに挙げたものはほんの一例であり、働き方改革関連法のようにすべての企業に影響するものもあれば、特定の業界に影響するものもある。

企業に影響を与える要素はごまんとあるが、マクロ環境の変化をPESTの視点で整理し、業界の大局的な変化を捉えておくことで、その業界に属する企業のイベントについての予測精度が高まり、当該企業とのコミュニケーションも深まるはずである。

なお、PESTの要素は単独で影響するとは限らない。ブロックチェーンなどのフィンテックの台頭（技術＝T）が銀行法の改正に至る（政治＝P）こともあるので、各要素の関連性にも着目することが必要だ。

第4章

法人EBMを実践する

1 信用調査会社流の
情報を読み解くコツ

１．好意的な解釈と懐疑的な解釈の両面を捉える

　イベント別の解説に入る前に、情報を読み解くうえでの「信用調査会社流のコツ」を伝授しておきたい。イベントの発生をつかみ「いざアプローチしよう！」としても、情報が持つ意味を見誤っていれば、アプローチはぎこちないものになるからだ。

　そのコツとは、情報を「虫の目」「鳥の目」「魚の目」という３つの視点で見ることである。

①虫の目

　はじめの「虫の目」は、複眼的に物事を見ることを意味する。「情報には二面性がある」という言葉を聞いたことがあるだろう。二面性の「面」にも様々な設定があるが、営業においては「好意的な解釈」と「悪意的（懐疑的）な解釈」の両面を捉えることが重要である。

　例えば、「社長が高級車からエコカーに乗り換えた」という情報があった場合、好意的に解釈すれば「環境意識が高い社長だな。素晴らしい！」となる。一方で懐疑的な解釈をすれば「資金繰りに困って高級車を手放したのかもしれない…」となる。どちらが正解かは別の情報で裏付けをとる必要があるのだが、最初の情報をどう解釈するかでその後の判断や行動が大きく変わってくる。

　人はその性格にもよるが、往々にして「自分に都合の良い解釈」をしたくなるものである。また、信用調査会社の調査員はよく経験するが、当事者が発信する情報は「当事者に都合の良い情報」に偏りがちである。これをすべて真に受けていては信用調査の仕事はできない。

　よって、調査員は「それは本当だろうか？」という疑問を持って、直接的・間接的にその裏付けをとっていく。営業においても、「自分に都合の悪い解釈」という逆の面で情報を見ることで、事実ベースの精度の高い営業が可能になる。

2．部分的な情報・一時的な情報で判断しない

②鳥の目

　次の「鳥の目」というのは、空の上から俯瞰的に物事を見ることを指す。情報はある部分だけを見ていると、判断を誤ることがある。鳥のように空から俯瞰し、全体を見渡すことが重要である。

　例えば、「収入が多い」という情報だけでイメージする人物像と、「浪費家である」という情報が加わってイメージする人物像は大きく異なるはずである。企業の信用調査でも同様のことはよくあり、「前期は赤字だった」という情報は、「経費の切り詰めも限界に達して赤字になった」のか「節税対策のため経費を増やして赤字にした」のかによって見方がまったく異なる。「赤字の背景」も含めた情報の全体をつかむ必要があるのだ。

　データの利用目的にもよるが、「収入の多寡」という情報軸に「堅実か浪費家か」といった、自分が捉えたい人物像に必要な情報軸を加えることが重要である。そうした必要な情報軸に気付かずに部分的な情報だけで拙速に判断すると、営業の精度も上がらない。

　情報を扱う場合は、「どういう情報が揃えば自分が知りたい対象の全体を把握できるか」を想定し、得た情報で足りているのか・いないのかを冷静に確認しながら情報収集や判断を行うことが重要である。

③魚の目

　最後の「魚の目」というのは、魚のように「川の流れ」「潮の流れ」を読むことを指す。ここで言う「流れ」とは時間の流れ、すなわち「時系列で情報を見る」という視点を指す。より具体的に言えば、一時点の情報を断面的に見るのではなく、去年や一昨年の同時期と比較してみる、といった見方をすることである。

図表27　情報を見る際の３つの視点

虫の目	鳥の目	魚の目
複眼的に物事を見る	全体を見渡す	時系列で情報を見る
虫の目で見ないと…自分に都合の良い解釈をしてしまうかもしれない	鳥の目で見ないと…部分的な情報で誤った判断をするおそれがある	魚の目で見ないと…一時点の情報しか分からず変化に気付くことが難しい

　例えば、学校の成績が「５段階評価で４だった」という直近の情報と、「去年は５だったのが今年は４になった」という去年との比較が入った情報では、情報の見方が異なってくる。前者では「上から２段階目の評価か、頑張っているな」という見方になりがちだが、後者では「去年よりも悪くなったのは何か理由があるのだろうか」といった思考が加わる。

　後者が「去年が４で今年も４だった」という情報ならあまり意味がないと見る人もいるだろうが、企業信用調査においては「変わっていない」という情報も重要となる。１年が経過すれば、企業の事業環境は変わる。景気が変わる、為替相場が動く──といった大きな動きに限らず、新製品が出た、近所に競合店が来た──などの身近な変化もある。従業員の入れ替わりがなくても、全員が１歳年をとり、定期昇給があれば給与コストも上がる。「それでも変わらなかったのはなぜか？」という着想で、信用調査は進められるのである。

　もとよりEBMはイベントを契機として変化を探しに行くという「時系列」の動きであり、魚の目は本書のテーマであるEBMには欠かせない視点といえる。

■頻度が低いイベントは見落としがち

　以下では、これら３つの視点を極力取り入れながらイベントごとに法人EBMの実践手法を紹介していく。商号変更、住所移転、代表者交代といった王道的なイベントのほかにも、従業員の増減や商流の変更といった運転資金需要や金融サービスに直結するイベント、メインバンク変更といった金融機関特有のイベントについても取り上げていく。

　各イベントの冒頭には、それらのイベントが「どれくらいの頻度で発生
しているのか」を示した。第3章で紹介した「数値感覚」をつかみ、具体
的なイメージをしてもらいたい。頻度が多いイベントは企業側・金融機関
側ともに経験値が高くなるが、稀にしか遭遇しないようなイベントは企業
側の経験値も乏しく、金融機関側も見落としてしまい活用できていない
ケースが多い。

　法人EBMは、「企業でどのような変化が起こっているのか」を探索する
活動だが、表出している情報からどのような意味や可能性を導き出せるの
か、どんな営業仮説を持てるかによって、その質が大きく変わってくる。
情報が持つ多面性を理解し、1つでも多くの引き出し（営業仮説）を持て
るようになってほしい。

　なお、各イベントの末尾にはアプローチトークの例も挙げておいた。営
業仮説を立ててもアプローチがまずければ成果につながらない。すぐに取
り入れられそうなものがあれば、今日からでも実践してほしい。そのまま
は使えないと思うものでも、自分なり・職場なりのアレンジをすれば使え
るかもしれないので、ぜひご活用いただきたい。

イベント別に見る法人EBMのポイント
①商号変更

商号変更（2018年）
　発生数：2万724社（発生割合0.4%）
　頻　度：25分に1件

※出典：法人番号公表サイト

1. アイスブレイクの話題に最適な「商号の由来」

　商号は「企業の顔」ともいえるもので、正式な商号は商業登記で確認することができる。個人事業主についても、任意ではあるが「商号登記」をすることができる。

　商業登記では、2002年の商業登記規則等の改正以前まで、商号にローマ字やアラビア数字、符号を使うことができず、衛星放送で知られる株式会社WOWOWも「株式会社ワウワウ」として登記されていた（現在はWOWOW）。また法改正はともかく、商号は日本電信電話株式会社をNTT、日本電気株式会社をNECと「略称」にするケースもあるため、「正式商号」の把握は案外容易ではない。

　さて、営業担当者にとって取引のない企業に初めて訪問するときは緊張するものだ。アイスブレイクとして何を話せばよいか、困ったことはないだろうか。「木戸に立ちかけし衣食住」（季節、道楽、ニュース、旅、知人、家族、健康、仕事、衣料、食、住居の頭文字）といった世間話の常套手段もよいが、できれば双方に実りある商談のスタートにしたい。そこでお勧めしたいのが「商号の由来」を話題にすることだ。特に創業社長は、商号に思い入れが強いことが多い。

「商号の由来は何でしょうか」「商号に込められた意味を教えてください」とストレートに聞くのもよいが、少し仮説を立てて聞いてみたい。例えば、商号が「ディーファイブ」といった、数字とアルファベットの組合せの場合、何かの頭文字を意味することが多い。そこで、「社長、商号は何かの頭文字を意味するのでしょうか？」と投げかければ、「ディーファイブのDは、データ・デザイン・デュアル・・・の5つのDを意味しているんだよ。ITの力でこの5つを実現したくて創業したんだ」といった返答を聞けるかもしれない。

　漢字商号であっても、一般的な名前（三村、七瀬など）以外に漢数字が入っている場合、例えば「三水工業」という商号であれば、「3つの水とはどういう意味でしょうか？」と聞くことで、「上水、中水、下水という3つの"水"に関して最適な提案ができる会社になるという意味でつけたんだ」といった答えを引き出せるかもしれない。

■考えの相違から今後の方向性がうかがえることも

　相手が二代目の社長であっても、「先代はどのような想いを込めてこの商号にされたのでしょうか？」と聞くことで、企業の由来が聞けることがある。その説明の中に「今の時代では古いのだが…」といったネガティブな表現が含まれていれば、創業者の思いと二代目社長の思いに乖離があることがうかがい知れる。こうした表現も丁寧に拾い上げることで、二代目社長が持っている事業の方向性を確認し、資金需要を引き出すきっかけになることもあるだろう。

　一方で、名前のイニシャルと想像される商号については、あまり深掘りすることができない。例えば「NKコーポレーション」のようにアルファベット2文字＋名詞のような商号では、「NK」の由来を聞いても話が広がらない。特に資産管理会社の商号は経営者一族のイニシャルや名前に関連することが多く、事前にそうした想定が成り立つ場合も多い。こうしたケースでは商号の由来は聞かないほうがむしろ無難である。ただ、中には資産承継者（後継者）のイニシャルが含まれるようなケースもあるので、事業承継や資産継承が気になる先については留意しておきたい。

商号の由来を聞いたからといって、取引に直接つながることは少ないだろう。話が長くなることも多いため、割に合わないように感じるかもしれない。しかし、こういう話をしっかり聞くことで経営者の考え方を知ることになり、またこうした話を傾聴することが相手に寄り添う姿勢を見せることになり、経営者から「よく聞いてくれた」と好感されることになる。「急がば回れ」なのである。

2．有限会社というだけで10年以上の業歴が分かる

　商号について、いくつかの「ネタ」をご紹介する（出典は帝国データバンク。2019年10月時点）。アレンジしてアイスブレイクの話題に活用いただきたい。

　法人格を問わず日本で一番多い商号は「アシスト」で1,334社。一番長い商号は「株式会社あなたの幸せが私の幸せ〜」から始まる熊谷市の企業で、なんと145文字。「あ株式会社」（西東京市）や「株式会社ん」（京都市）があるほか、「合同会社を」（鳥取市）という、電話口で名乗るに困るであろう企業もある。もっとも、名刺交換の際には、自社の名前をアイスブレイクとして使えそうである。

　最近は△や□といった記号のみで登記しようとした企業もあったが、さすがに法務局が登記を認めなかった。また、「0903株式会社Ｐ」（東京都港区）のように、前株・後株ならぬ「中株」の企業もある。

■大手の子会社を装った類似商号には注意

「法人格」についても着目しておこう。法人格とは株式会社や合同会社などを示すが、これも商号の一部だ。例えば有限会社は、2006年の会社法施行に伴って有限会社法が廃止されたため、現在では新たに設立できない。会社法施行時に株式会社に組織変更した企業もあったが、「決算公告しなくてもよい」「役員任期の法定制限がない」等のメリットがあるため、家族経営の企業はそのまま有限会社でいるケースも珍しくない。

　このような企業は「特例有限会社」というが、今では「有限会社」とい

うだけで、少なくとも2006年から今日まで10年以上の業歴があることが分かる。「規模小体ながらビジネスモデルが確立されている企業」と見ることもできよう。

商号そのものに「良し悪し」はないが、その企業に興味を持つ第一歩として、商号に関心を払ってはいかがだろうか。

なお、かつて存在した類似商号規制も、商法改正により現在は廃止されている。このため有名な企業のすぐ近くに、その子会社を装うような商号の企業を作ることもできる。第三者は先入観で判断せず、名刺交換のみで鵜呑みにしてはいけない。資本・人的関係があるのかを必ず確認する必要がある。

3．法人EBMの代表格「商号変更」が持つ意味とは

では、商号が変わるということはどのような意味を持つのだろうか。個人で名前が変わるのは結婚したときと離婚したときくらいだが、企業の場合は様々な契機がある。

2018年の1年間で商号変更をした企業数は延べ2万724社である（法人番号公表サイト）。商号変更の契機を探るため、上場企業で確認してみたい。

2005年以降の上場企業での商号変更は、実に604社・703回ある（2019年10月1日時点、https://www.jpx.co.jp/listing/others/changed/index）。以下、商号変更の回数別に挙げる（変更回数は証券コード単位で集計、年月数は初回商号変更から現商号までの期間）。

5回：1社（カーチスホールディングス2年11カ月）

4回：3社（コカ・コーラ　ボトラーズジャパンホールディングス11年6カ月、FHTホールディングス9年11カ月、あかつき本社10年9カ月）

3回：7社（ビットワングループ11年2カ月、フォーシーズホールディングス6年6カ月、アプリックス6年、伊豆シャボテンリゾート10年3カ月、カイカ11年10カ月、いちご8年6カ

　　　　　　月、ユナイテッド5年6カ月）

2回：72社

1回：521社

　2005年〜2019年10月までの間に最も多く商号を変更した企業の変更回数は5回で、現・カーチスホールディングスである。2006年1月1日にジャック・ホールディングスからライブドアオートに商号変更、そこからはライブドアオート→カーチス→ソリッド　グループ　ホールディングス→カーチス→カーチスホールディングス（2008年12月1日変更）と3年弱の間で5回変更している。ライブドア事件を受け、目まぐるしく親会社が変わったことが、最多の商号変更の要因である。

　中には一度変更をして、また元の商号に戻すケースも10社・11回あった。商号変更の契機・動機として代表的なものを挙げてみよう。

• 認知度が高い自社のブランド名に商号を合わせるため
• 資本系列が変わり、親会社の商号の一部を取り入れるため
• グループの持株会社設立に伴い、持株会社と事業会社を分社化したため
• 時代の流れに合わせるため
• 過去の不祥事や悪いイメージを払拭するため

「名は体を表す」であり、いずれのケースにも「経営方針の変更」が背景にある。この点が、法人EBMの代表格といわれる所以である。

■ 商号変更にかかる「コスト」は他社の「売上」に

　商号変更は軽々とできることではない。多大なコストと労力が発生するからだ。過去最大級の商号変更といわれたのは、2008年10月の松下電器産業からパナソニックへの変更である。以下、少し長いが当時の同社のプレスリリースを引用させていただこう。

　　当社は、1918年に松下電気器具製作所として設立・創業して以来、松下電器製作所を経て、株式会社組織となった1935年から現在の松下電器産業株式会社を社名とし、「National（ナショナル）」、「Panasonic（パナソニック）」等のブランドを掲げて事業を展開してきました。2003年

には「Panasonic」をグローバルブランドと位置づけ、「Panasonic ideas for life」をブランドスローガンに掲げました。

　創業90周年の節目である本年、社名の変更とブランドの統一を実施することにより、これまで「松下」「National（ナショナル）」「Panasonic（パナソニック）」の３つに分散して蓄積してきたグループの活動成果を、今後は「Panasonic（パナソニック）」というひとつの名のもとに結実させます。

　このとき、「松下」「ナショナル」を冠するグループ企業についても同時に商号を変更している。グローバルな「ブランド統一」が狙いであったと考えられる。

　なお、余談にはなるが、パナソニックが創業90周年の節目（周年というイベント）に商号変更していることは、法人EBMを語る際には二重に興味深い。

　さて、このパナソニックの商号変更は一説によると300億円以上のコストが発生したと伝えられている。CI（Corporate Identity）統一のための大規模な広告宣伝のほかにも、地域販売店の看板変更、メーカーとして多く保有する特許の名称変更、情報システムの変更のほか、細かいところでは従業員の名刺やパンフレットなどの各種印刷物など、広範囲で多額の費用が発生したとされる。

　また、「松下」の冠を下ろすことで、「経営の神様」とも呼ばれる創業者・松下幸之助氏の色彩が弱まるとの指摘もあったようで、社内では相当な議論があったに違いない。

　中小企業においてはここまで多額の費用は考えられないにせよ、企業規模相応の費用が発生することは免れない。この「費用」が他社にとっては「売上」となるため、多くの業界が「商号変更」をアプローチのきっかけにしていることには合点がいく。

■数値上は商号変更が業績にプラスに働いている

　パナソニックほどの大企業でなくても、中小企業の二代目社長が創業時

の商号を変更するというケースを想像してみたら、創業時から仕える番頭が商号変更に反対して会社を離れてしまう、古参社員が潮時だと考えて辞めてしまう――といったこともあるかもしれない。そこには「単純に商号が変わる」という感傷的な意味合いだけではなく、新商号に象徴される新しい方針への賛同や疑義を含んでいるからだ。

　企業の規模はともかく、こうした深い意味や多くの影響をもたらす商号変更である。「何の意味もなく変えた」というほうが不自然だ。

　第2章-3で紹介した設備投資に関する調査でも、商号変更した企業は変更していない企業に比べ、設備投資『あり』と回答した割合が5.0ポイント高かった（P63、図表18）。

　また法人EBMの実践の観点では、商号変更をした企業の「その後の業績」がどうなるのかが気になるところだ。2016年に商号変更した企業を対象に、2017年と2018年の業績推移を企業概要データベースCOSMOS 2で追ってみた（**図表28**）。

　2016年に商号変更が確認できた約7,500社は、商号変更をしなかった企業と比べて、増収（売上高↑）または増益（当期利益↑）となる割合がいずれも高かった。商号変更後2期連続の増収となった割合は38.1％で、商号変更をしなかった企業群と比較して、実に12.9ポイントも高い結果となった。同じく利益については2期連続の増益は23.6％で、商号変更をしなかった企業群との比較では2.5ポイントではあるが差が出る結果である。

　企業買収に伴って商号変更を実施し、吸収合併した企業分の売上が加わるといった要因も考えられるが、数値上は商号変更というイベントは企業業績に対してはプラスに振れやすいということが読み取れる。

■過去のマイナス要素を隠すための商号変更も

　一度の商号変更であればまだしも、商号変更を繰り返し行っている場合は、別の意味で注意が必要である。商号変更には先ほど触れたように各種の届け出や名刺・看板の作り替えなど、多くの労力と費用を要するのが常である。それをあえて重ねるには、それなりの理由がある。ましてやそれを頻繁に繰り返す場合は、変更しなければならない理由があると考えるべ

図表 28　商号変更の有無による業績の比較（発生率）

	商号変更 あり比率	商号変更 なし比率	ポイント差	
売上高↑	62.2%	53.1%	9.0%	増収しやすい
売上高↓	32.7%	42.0%	-9.3%	
当期利益↑	53.1%	51.0%	2.1%	増益しやすい
当期利益↓	45.8%	47.6%	-1.8%	
増収増益↑↑	39.8%	35.0%	4.8%	増収増益しやすい
減収減益↓↓	21.4%	27.6%	-6.2%	
２期連続売上高↑	**38.1%**	25.2%	12.9%	**増収しやすい**
２期連続売上高↓	13.3%	18.3%	-5.0%	
２期連続当期利益↑	**23.6%**	21.1%	2.5%	**増益しやすい**
２期連続当期利益↓	16.6%	17.5%	-1.0%	
２期連続増収増益↑↑	14.1%	9.5%	4.6%	増収増益しやすい
２期連続減収減益↓↓	5.0%	6.3%	-1.3%	

出典：帝国データバンク「COSMOS2」

きであろう。

　過去の倒産歴や不祥事、失態を隠したい——といった動機に基づく商号変更は、企業規模を問わず行われている。具体的な社名は控えることにするが、カタカナの社名がアルファベット３文字程度の略称風に変更されるケースは、注意すべき「よくある例」である。自行庫だけが知らずに地雷を踏むのは、避けなければならない。

························· **法人ＥＢＭ実践時のアプローチトーク例** ·················
「商号を変更されたのには、どういったいきさつがあるのですか？　新しい商号に込められたメッセージなどがあれば教えてください」
「商号変更と同時に、新たな経営戦略を策定する企業も多いと聞いています。そのあたりをぜひお聞かせください」

3 イベント別に見る法人EBMのポイント ②住所移転

> **住所移転**（2018年）
> 　発生数：12万5,399社（発生割合2.7%）
> 　頻　度：4分に1件
>
> 　　　　　　　　　　　　　　　※出典：法人番号公表サイト

1．実質的な本店を確認したうえで本店住所を見る

　企業の本店住所（所在地）を見る際は、「そもそも商業登記上の本店と実質的な本店が同一か」を確認する必要がある。「実質的な」と書いたように、企業の本店は、必ずしも商業登記上の本店所在地にあるとは限らないからだ。

　特に設立から日の浅い企業は、商業登記上の本店（以下、登記面本店）と実質的な本店（以下、実質本店）が異なることが多い。これは、設立時は代表者の自宅を登記面本店として、ワーキングスペースやSOHO（賃貸型の小規模事務所）のような場所を実質本店とすることが多いからである。創業期は、事業規模の拡大や従業員の増加に伴って事務所の移転を重ねることが多く、その都度登記上の本店を変更すると手続きの負担が重い。そのため、あらかじめ代表者の自宅を登記面本店に据えているケースがあるのだ。

　ただ、2016年以降はこうした動きにも変化があるようだ。「法人番号公表サイト（https://www.houjin-bangou.nta.go.jp/）」では、商業登記上の全法人479万社（2019年9月）の商号と登記面本店を、誰でもいつでも無料で確認することができる。代表者の自宅を本店として登記すると、事実

上代表者の自宅を公開しているのに等しい状態になるため、これを嫌ってバーチャルオフィスや代表者の親族が関係する場所（例えば代表者の親の自宅など）を本店に指定するケースも増えている。もっとも社長1人の零細企業では、経理事務や税務申告を自宅近隣の親しい税理士事務所に任せているため、自宅を登記面本店としているというケースもある。

　いずれにせよ、「スタートアップ企業」とは呼べない業歴の企業でいつまでも代表者の自宅を登記面本店としている場合はその理由を探り、明確な理由がつかめない場合はその点に留意しておくべきだろう。

■創業地や縁の地を登記面本店としているケースも

　金融機関の法人営業担当者にとっては、訪問した場所にその企業の経理・財務機能がなければ訪問が空振りとなる可能性が高いため、よく確認したうえで訪問したいものだ。代表者の自宅と本店住所が一致していれば、そこを本拠地として事業活動をしている可能性は高いといえるが、そういう企業は規模が小さく、社長がプレイヤーとして顧客先を飛び回っている可能性もある。

　なお、代表者の自宅と本店が別だとしても、帝国データバンクが提供するCOSMOS 2をはじめとした企業概要データベースの「取引金融機関」の欄に、代表者の自宅近隣にある他行庫の支店名が記載されていれば、代表者の自宅が経理機能を有している可能性がある。

　商業登記上の本店を代表者の自宅ではなく、「創業地」や自社に縁のある場所にしているケースもある。例えば、通信大手KDDIの登記面本店は、東京都新宿区西新宿2丁目3番2号であるが、実質本店は、東京都千代田区飯田橋3丁目10番10号ガーデンエアタワーである。登記面本店には「KDDIビル」が建っており、本店機能が飯田橋に移った後もここを登記面本店にしている。

　このように誰もが知る大企業ならともかく、業歴が相応にあるのになお登記面本店が実質本店と異なるようなケースでは、「本店住所が登記と違うようですが、登記上の本店には何があるのでしょうか？」などと切り出し、ルーツを探ってみるとよいだろう。

■実際の本店と事業内容とのバランスにも注目

　実際の本店の姿が、事業内容に見合っているかもチェックしたい。その理由について、帝国データバンクが、年収数千万円以上のエグゼクティブ層を対象とした人材仲介会社を調査した事例から紹介しよう。

　当該人材仲介会社のホームページを見ると、都内の一等地に本店事務所を構えているとのことだったが、実際に訪問すると、事前に想定したイメージとはかけ離れた事務所構えだった。

　調査員は「果たしてこの事務所にエグゼクティブ層が来て、自身の将来を委ねようと思うのだろうか？」と考えたわけだが、案の定、その企業は調査から数年後には行方知れずになっていた。粉飾決算ではなかったものの、身の丈を超えた虚飾を装う企業であったのは間違いない。「鳥の目」を発揮した事例の1つであるといえよう。

　本店住所を見る際には「危ない場所」にも注意したい。世の中には、計画倒産や詐欺を働くような輩が巣食う場所がある。取り込み詐欺業者が繰り返し事務所を開設する地域や、悪い噂の多い企業ばかりが入居しているマンションなどもある。ベテランの調査員は、経験的にそうした土地やビルの情報も頭に入れている。少しでも「変だな」と思うことがあれば、ぜひ弊社まで問い合わせてもらいたい。

　また、企業の本店を訪問することになった場合、その最寄駅から当該企業の本店に到着するまでに目にする情報が、重要な情報になることがある。立ち並んでいる店舗、「建設予定」の立て看板等、歩いているだけで目に入る情報は多い。最寄駅から訪問先が近い場合も、すぐに事務所に入るのではなく、本店のある1ブロックをぐるりと一周し、情報を収集することをお薦めする。

　若い渉外担当者から「面談時に何を話せばいいのか悩む」との声が聞かれるが、アイスブレイクの情報はそういうところにも転がっているものだ。「御社の裏手にマンションが建つのですね。こちらの騒音対策は万全でしょうか？」など、ちょっとした現地観察から有益なアイスブレイクができるかもしれないのである。

2．「住所移転」は法人EBMでは前向きなシグナル？

　では、本店の「住所移転」というイベントから法人EBMを実践することを考えてみよう。この場合、自行庫・自店の営業エリアに企業の本店や事務所が「移転してきたパターン」を主に想定することになる。住所移転には営業エリアから「出ていくパターン」もあるわけだが、こちらは営業チャンスがなくなるだけなので、捕捉しても仕方がない。もし有望先だったのであれば、移転先エリアにある僚店に知らせておこう。

　前述した商号変更のように、企業の移転も非常にコストがかかるイベントである。

　個人の転居を想定してみよう。転居先の候補地選びには多くの時間とコストがかかる。転居先の候補をいくつかに絞り込んだ後も、賃料や間取りはもちろんのこと、駐車場の有無、駅やスーパーマーケットまでの距離といった住環境等を総合的に調べる必要がある。転居先を決めた後も、不動産会社での契約手続き、住民票を移すための役所での手続き、ご近所への挨拶、転居を通知するハガキなど、「移転コスト」は重い。

　こういった一連の流れは企業においても同様だが、企業の場合はさらに従業員の勤務地も変わることになるため、隣接自治体に移転するだけでもその影響は大きい。それでも企業が移転するというのだから、商号変更と同様に「よほどのこと」と考えるべきであろう。

　2018年の1年間の本店移転の件数を見たところ、移転した企業は12万5,399社あり、全体の2.7％について住所移転というイベントが発生している。この数字は「想像以上」ではないだろうか。2018年のすべての移転のうち、都道府県を越えて移転した割合は11.6％に過ぎず、ほとんどが同一都道府県内の移転であることも分かっている。

　本店を移転する理由も様々で、例えば次のようなものがある。
• 従業員が増えて手狭になったことによる移転
• 新卒採用を強化するためにブランド力が高いエリアへの移転
• 主力得意先の本店移転にあわせての移転

・業績が芳しくなく、賃料負担が軽いエリアへの移転

■大規模市場があるエリアは賃料などの負担も重い

　業績を含めた分析検証が可能なデータを使い、住所移転についてもう少し読み解いてみたい。

　都心部から離れた郊外から東京23区内に移転してきているような企業には、業況に勢いを感じるものである。反面、東京23区内に所在していた企業が他県に移転したようなケースでは、業況が思わしくなく、事務所負担の軽減を企図するいわゆる「都落ち」ということがある（ただし、狭いテナントビルから郊外の広い自社ビルに移るようなケースもあるため見極めが大切）。

　ここで、郊外移転が「都落ち」というイメージは正しいのかを検証してみたい。帝国データバンクのCOSMOS 2で「東京からその他道府県へ転出した企業」の業績を追ってみた。

　東京都からの転入・転出かつその後の業績が判明している企業に限られるため、サンプル数は512件と少ないものの、「東京からその他道府県へ転出した企業群」は、「その他道府県から東京に転入した企業群」に比べて増収増益となった割合が高い（図表29）。

　これは、「東京に転入した企業群」は「東京から転出した企業群」と比べて増収となる割合が高い一方で、減益となる割合も高いことによる。「移転なし企業群」と比べても、「東京に転入した企業群」が増収となる割合は11.6ポイント高いが、減益となる割合も2.3ポイント高い。東京という最大市場に拠点を置くことで売上があげやすくなる半面、オフィス賃料などの経費負担によって利益が圧迫されやすい傾向があることも要因の1つと考えられる。

　移転後の業績推移を含む「企業移転と業績への影響」は1つの研究テーマであり、10年、20年のスパンでの分析を重ねていく必要があるが、営業実務においては、移転元と移転先の相関について先入観を持たずに、個別の事由を企業に確認していく姿勢が重要であろう。

図表29　東京都と東京都以外に移転した企業の業績の傾向

状態	増収増益	増収	減益	減収減益
その他道府県から東京に転入	23.3%	63.6%	49.0%	23.3%
東京からその他道府県へ転出	31.3%	48.0%	32.9%	14.6%
移転なし	34.2%	52.0%	46.7%	27.2%
転入－移転なしのポイント差	－ 10.9	11.6	2.3	－ 3.9
転出－移転なしのポイント差	－ 2.9	－ 4.0	－ 13.8	－ 12.5
転入－転出のポイント差	－ 8.0	15.6	16.1	8.7

出典：帝国データバンク「COSMOS2」

■「知らなかった」アプローチを使ってみよう

　移転を把握してのアプローチとしては、「新しくこのエリアに移転されてきたのですね。差し障りがなければどういった経緯かをお教えください」と直接的に聞いてもよい。ひと工夫するのであれば、移転してきたことを知らないふりをしてアプローチすることもできる。

　例えば移転前の住所をチェックしておき、さりげなくそのエリアの話題を取り上げる。美味しいレストラン、ドラマのロケ地など、何でもいいだろう。「その地域のことなら私のほうが知っているぞ」と社長が身を乗り出して話を始めたら成功である。

　そうして心理的な距離を縮めておいてから、最近の取引振りの確認、運転資金の提案などにつなげていくことができる。「事業拡大に伴って新たな土地を探している」といった相談をしてくれる可能性も広がる。この「知らなかった」アプローチは、前住所だけではなく、社長の出身地や趣味など幅広く応用できるので、度が過ぎない程度に取り入れてみてはいかがだろうか。

　本店以外の「営業所、工場、倉庫」といった各拠点についても、移転は重要な変化である。

　営業所が新たに開設されたのであれば、当該企業がその地域で重点的に営業展開していく意思を読み取ることができる。営業拠点の新設は、従来

その地域の営業について代理店や商社に任せていたものを、その地に根を植えて直販に切り替えていくという決意の表れでもある。運転資金需要にも直結するような商流の変化があるかもしれない。

　工場の新設であれば、既存商品の増産や新製品のためのライン増設を意味するので、これも今後の設備資金や運転資金のチャンスになる。倉庫の拡張や増設であれば、保管物が多くなったことが想定され、業容の拡大を推測できる。あるいは、散在していた倉庫を集約するなど物流戦略を変えた可能性もあるだろう。この場合は配送の効率化を考えて配送システムの導入・刷新を検討しているかもしれない。

　いずれにせよ、本店に限らず各拠点の移転には多くのコストと時間がかかるものである。そのイベントを見逃す手はない。

.... **法人EBM実践時のアプローチトーク例** ....
「新しくこのエリアに移転されてきたのですね。差し障りがなければ、どういった経緯や狙いがおありだったのか教えてください」
「移転されたことで得意先や仕入先との物理的な距離が変わったかと思いますが、商流にも変化があったのでしょうか」
「新たに営業所を開設されたのですね。どのような計画でしょうか。また今後の出店ペースについても、よろしければ計画をお聞かせください」
....

イベント別に見る法人EBMのポイント ③代表者変更

> **代表者変更／経営者の交代**（2018年）
> 　発生数：5万4,092社（発生割合3.7%）
> 　頻　度：9分に１件
> 　　　　　　　　　　　※出典：帝国データバンクCOSMOS２企業概要ファイル

１．代表者の得意分野に応じてアプローチを変える

　ローカルベンチマークや事業性評価シートにも含まれているように、代表者（経営者）は「ヒト・モノ・カネ」という経営資源の３要素の１つ「ヒト」の代表格であり、代表者の情報を欠いて中小企業経営を把握することは困難である。

　金融機関の法人営業担当者は普段、経理・財務部門に出入りしていることが多いであろう。やや厳しい表現になるが、財務諸表を主たる根拠として融資を行ってきた金融機関では、営業担当者があえて代表者に会う理由がなかったのである。

　しかし、企業を正しく知り事業性評価をするためには、代表者に会わなければ話にならない。「今後の経営の舵取りをどのようにしていくか」は代表者本人にしか分からないことが多い。代表者の方針が言語化され、社内の隅々まで周知されている中小零細企業は少なく、「方針は代表者の頭の中だけにある」という企業が大半である。何より、代表者の思考パターンや発想力を知らなければ、将来の方針や舵取りを想定することはできないのである。ゆえに、これまで会ってこなかった代表者にも、改めて面談を試みる必要がある。

■代表者は「営業・技術・経理・管理」の４タイプに分かれる

　代表者の得意分野は、概ね「営業」「技術」「経理」「管理」の４つに分けることができる。代表者への面談を試みるにあたっては、これらのタイプに合わせて面談場所やストーリーを考えることが重要だ。

「営業」タイプの代表者であれば、営業上の苦労や成功を数多く経験してきているため、営業の成否が事前準備にかかっていることを理解している人が多い。当該企業のホームページや関連ウェブサイトの確認はもちろん、商品やサービスの評判についてもあらかじめチェックしておくと、話が弾みやすい。こうした代表者の中には「断られてからが営業」と考えている人も多いので、面談の申し入れを断られても、１度や２度で諦めてはいけない。

「技術」タイプの代表者であれば、応接室での面談ではなく、「工場見学を兼ねて工場で会いたい」といった申し入れをしてみよう。応接室では気難しそうにしていた代表者が、工場に入るなり嬉々として案内してくれるケースは多い。想定される主要設備について事前学習をしたうえで、面談に臨みたいところだ。

「経理」タイプの代表者であれば、数値を準備しておきたい。業界の主要指標を「業種別審査事典」「TKC経営指標」「帝国データバンク全国企業財務諸表分析統計／キャッシュフロー分析統計」などから押さえておき、「業界全体では粗利益率が前年より○ポイント下がっていますが、実際のところどうでしょうか」などと聞いてみる。うまくいけば、当該企業の経営指標も聞けるかもしれない。

「管理」タイプの代表者には、人材育成について聞いてみよう。人材育成はどのタイプの代表者でも抱えている経営課題であるが、「管理」タイプでは特にその優先順位が高い。自行庫や提携先が提供している人材育成セミナーの紹介、人材の定着につながる福利厚生制度の情報提供など、人材育成のサポートを通じて関係を強化することができるだろう。

　なお、代表者は意外と社内に相談する相手がおらず、誰かに相談したがっているものである。警戒心が強い代表者でも、「ヒト・モノ・カネ」

図表 30　経営者タイプの調査項目

業界経験	10年以上	3年以上	3年未満	
経営経験	10年以上	3年以上	3年未満	
得意分野	営業	技術	経理	管理
就任経緯	創業者 内部昇格	同族継承 外部招へい	買収 出向	 分社化の一環
人物像	慎重 責任感が強い ビジョンがある 人脈が広い 話上手 包容力がある 技術指向が強い	まじめ 機敏 企画力がある カリスマ性に富む 独創的 ち密 実行力がある	決断力に優れる 積極的 堅実 計数面不得手 金銭面にシビア 豪放磊落 一徹	先見性に富む 人情味に厚い 社交的 個性的

　の観点で硬軟織り交ぜたヒアリングを続けていると、「答えることで自分自身の考えがよくまとまったよ」と感謝されることがある。

　代表者への敬意は必要だが、過度な畏怖をもって儀礼的なコミュニケーションに終始していては、何も進まない。敬意とともに人間的な関心をもって、同じ方を向いて話をすることが大切である。

■企業を倒産させる経営者には傾向がある

　帝国データバンクが保有する倒産企業データベースの収録件数は、57万件を超えた。倒産の直前には往々にして信用調査が入るため、この倒産した企業の調査報告書を分析したところ、1つの傾向が見えてきた。

　帝国データバンクでは、経営者タイプの調査項目として「業界経験年数、経営経験年数、得意分野、就任経緯、人物像」という5項目を挙げているのだが（図表30）、倒産した企業の調査報告書では、経営者タイプの「人物像」について、「計数面不得手」にマーキングされているケースが多いということだ。

　「計数面不得手」とは、要するに経営数値に疎い経営者という意味である。右腕となる経理担当者がいる場合はさして問題がないように見えるが、右腕の仕事を代表者が管理できなければ、長年にわたる不正を看過し

てしまうリスクも生じる。「数値に疎い社長は長続きしない」というのが信用調査会社の調査員の共通の見方となっている。

　人物像については、「個性的」というマーキングにも注意したい。プライベートで「個性的」といえば昨今は、「独創的」（original）などの良い意味で用いられることも多いが、信用調査においては「変わっている」（strange）という意味合いで用いられることが多い。実際に商取引を開始すると、想定していないような厄介事に巻き込まれる可能性もある。あくまでケースバイケースではあるが、留意しておきたい。

　また、不良債権が頻発した過去があり、かつ人物像のマーキングが「人情味に厚い」「まじめ」「社交的」「人脈が広い」などの場合は、代表者の性格がそうした結果を招いている可能性も否定できない。人が良いがために人付き合いの線引きがうまくできず、リスクを抱え込みやすい可能性がある。

　信用調査報告書の代表者のページでは、「経営者タイプ」以外でも「関係事業・公職」が多すぎるケースは注意したい。代表者の公職はその人物の信用を示す情報でもあるが、公職があまりにも多い場合は「本業が疎かになっていないか」という疑いの目を向ける必要があろう。

2．代表者変更は法人EBMの一丁目一番地

　代表者はどのくらいの頻度で変わるものなのだろうか。2018年の1年間で代表者変更があった企業の割合は、3.7％であった。あなたが100社の顧客を担当していれば、1年間で3〜4社の経営者が交代している計算となる。昨今は中小企業の事業承継が社会問題として扱われ、経営者の交代が進んでいないという先入観が生じがちなことから、上記の数値は読者の想像を超える頻度ではないだろうか。

　2018年に代表者を変更した企業を年商規模別に集計してみると、約60％が年商3億円未満の企業である（**図表31**）。一方で、年商規模別の発生率を算出してみると、1億円未満では2.5％であるが、100億円以上では14.6％となっており、各年商レンジで逆転することなく、企業規模が大き

図表31　年商レンジ別・代表者変更発生割合

年商レンジ	構成比	発生率
1億円未満	37.9%	2.5%
1億円以上3億円未満	23.2%	3.7%
1億円以上5億円未満	8.9%	4.6%
5億円以上10億円未満	9.6%	5.7%
10億円以上30億円未満	10.2%	7.6%
30億円以上50億円未満	2.8%	9.0%
50億円以上100億円未満	2.9%	11.4%
100億円以上	4.6%	14.6%

出典：帝国データバンク「COSMOS2」

くなるにつれて代表者変更が起こりやすくなっている。

　現行法制では株式会社は定款変更によって最大10年まで役員改選が不要であり、オーナー企業が多い中小企業では創業者が数十年も代表の座に居座ることが多い。企業規模が大きくなればそうした同族企業が減り、組織も整備されて2期4年、3期6年といった2年の役員改選ルールが運用されることが、代表者変更の頻度が上がる背景になっていると考えられる。

　あなたがラージアカウント担当であれば、より一層身近なイベントとして取り組む必要がある。

■代表就任は表敬訪問で自然にアプローチできる

　それでは代表者変更というイベント自体が業績に与える影響はどうなっているのだろうか。これも弊社のデータベースを用いて、2016年中に代表者変更が実施された企業の、その後の業績を追い、どう変化したのかを集計した（図表32）。

　その結果、商号変更ほど顕著な結果ではないが、代表者変更「あり」の企業群は代表者変更「なし」の企業群と比べて、増収（売上高↑）または増益（当期利益↑）となる可能性が高いことが判明した。ポイント数にして、増収は2.6ポイント、増益は1.9ポイントそれぞれ高い。減収（売上高

↓）は3.2ポイント、減益（当期利益↓）は1.3ポイントそれぞれ低くなっていることから、代表者変更により増収（または増益）となる企業が多く、減収（または減益）となる企業が少ない傾向にあることが分かる。

代表者変更が少なからず企業の活性化という側面でプラスの影響を与えていることが業績面からは読み取れる。着任1期目から失敗はできないということだろうか。

さて、代表者変更は法人EBMの「一丁目一番地」と呼ばれることもあるが、それには所以がある。

まず、代表者変更は商業登記の記載事項であり、自社のホームページにもよく掲載される「公知情報」であるため、社外の人間が知っていてもまったく不自然ではない。よって、「社長が交代されたのですね。ぜひ一度表敬訪問に伺いたいのですが…」といったトークでスムーズにアポイントをとれるという利点がある。相手が難攻不落先であっても、そうしたアプローチを行いやすい。いざ訪問したときも「社長に就任されたのですね。おめでとうございます！」と自然に切り出すことができる。

■代表変更に伴う経営方針の転換に着目

代表者変更について営業担当者としての期待値が最も高まり、また懸念事項にもなるのが、「経営方針の変更」の可能性だ。代表者変更とともに、経営方針がこれまでと180度変わることも珍しくない。

例えばヒトの観点では、「採用の積極化」「リストラの断行」もあれば「経営陣の刷新」もあるだろう。

営業面を含めたモノの観点では、「新商品リリースの強化」「既存先重視から新規先重視に変更」「直接販売から代理店販売にシフト」「国内から海外にシフト」などが考えられる。

カネの観点でも、金融機関との取引方針の変更が生じ得る。先代は金利を何よりも重視していたが、新社長はビジネスマッチングを含めた情報提供を重視する――といったケースもあろう。

経営方針の変更については、無数のバリエーションがある。ゆえに、代表者変更は法人EBMにおける変化・イベントの一丁目一番地といえそう

図表32　代表者変更の有無による業績の比較（発生率）

業績	代表者変更あり	代表者変更なし	ポイント差
売上高↑	55.5%	52.9%	2.6
売上高↓	38.9%	42.0%	− 3.2
当期利益↑	52.7%	50.8%	1.9
当期利益↓	46.3%	47.5%	− 1.3
増収増益↑↑	35.8%	34.9%	0.9
減収減益↓↓	24.1%	27.8%	− 3.6
2期連続売上高↑	27.5%	25.0%	2.4
2期連続売上高↓	17.9%	18.2%	− 0.3
2期連続当期利益↑	23.6%	20.9%	2.7
2期連続当期利益↓	16.0%	17.6%	− 1.6
2期連続増収増益↑↑	10.3%	9.4%	0.8
2期連続減収減益↓↓	5.2%	6.3%	− 1.1

出典：帝国データバンク「COSMOS2」

だ。

　なお、これらの変化には、「前社長との円滑な関係が崩れ、取引関係が白紙に戻る」といったネガティブな変化の可能性も当然ながら含んでいる。その場合も、先手を打ってリスクを最小化することが営業担当者の仕事となる。

　ワンランク上のアプローチをするのであれば、「代表者が変わった」だけで終わらせるのではなく、その就任経緯も押さえておきたい。事前の把握は難しいかもしれないが、就任パターンは概ね次のどれかに当てはまる。

・内部昇格
・同族継承
・出向
・外部招聘

「内部昇格」は従業員が昇進を続けて代表者に登り詰めるケース、「同族

継承」は創業者の一族への事業承継である。グループ子会社であれば親会社からの「出向」が多いし、数は少ないがプロの経営者をヘッドハンティング等で「外部招聘」するケースもある。それぞれの就任経緯で経営に関する考え方は大きく異なるため、留意が必要である。

　概して創業社長は事業に対する思い入れが強いが、同族継承した二代目・三代目は既存事業に対する思いが弱くなりがちである。一方で、既存ビジネスを活かしながら「次の一手」を考えているかもしれない。

　親会社からの出向であれば、基本的には親会社の一部門と見なされていることが多いため、社長といえど裁量の範囲が限定される。外部招聘は就任時点で内部に適任者がいないことが明確であり、大胆な刷新をすることもあるが、同族企業であれば、同族の後継者にバトンを渡すまでの「つなぎ」ということも考えられる。

　なお、「代表者変更の予兆を捉える」という観点では、事業承継は外せないテーマではあるが、これは後段で改めて解説する。

■「鳥の目」「魚の目」で危険なシグナルを見落とさない

　これまで商号・住所・代表者の変更を見てきたが、これらが同時に起こることがある。この３つが同時、もしくは短期間のうちに次々に起こった場合は、極めて高い確率で「株主」も変わっている。つまりその企業が買収されたことを意味するため、基本的に従来の経営との連続性がなくなったと考えたほうがよい。

　こういう企業が創業・設立年月を前面に押し出して業歴や資本金の規模を強調するような場合は、「詐欺を働く会社ではないか」と疑う必要がある。そして、この検証は商業登記でもある程度行うことができる。

　2017年に世間を騒がせた「グルメンピック」企画会社・大東物産（法人番号：5010001153808、TDB企業コード：043009505）の破産の事例をご存知だろうか。

　日本各地のグルメを世界に発信していくことをスローガンとした「最大級のグルメイベント」として、多数の出店希望者から総額数千万円の出店料を集めていたが、2017年１月に突如として「グルメンピック2017の開催

日程延期のお知らせ」を出店予定者に一方的に通知した。出店予定者には
「預かっていた出店料を2月末日に支払う」としていたが、2月20日に東
京地裁へ自己破産を申請し、同日破産手続き開始決定となった。
　事業の失敗なのか、計画的な倒産なのかは未だに判別が難しいが、同社
が2013年5月に（株）ブリスフルフーズの商号で東京都中央区において設
立され、以降、商号が3回、登記面住所が5回、代表者が5回変更されて
いることは、「ネガティブ情報の目利き」という意味で見逃せないシグナ
ルだったといえよう。
　商号変更、本店移転、代表者変更の3つは法人EBMの代表格であるが、
それぞれを単体として見ていては正確な判断につながらないことがあると
覚えておきたい。

　　　　　　　……………… **法人EBM実践時のアプローチトーク例** ………………
「ご就任おめでとうございます。まずはどんなことに着手され、今後重点
的に力を入れていく分野は何でしょうか」
「新たな経営計画の策定や実行などでお困りごとはないでしょうか」

④資本金の変化

資本金の変化／増資・減資（2018年）

増資発生数：3万2,277件　　　　発生頻度：　16分に1件

減資発生数：　　4,102件　　　　発生頻度：128分に1件

※出典：法務省 登記統計2018年
※発生割合は商業登記総数が未詳のため、未算出

---

1. 資本金の変化を営業アプローチに活かす

　多くの金融機関の法人営業担当者は、「資本金」が与信判断や営業ターゲットの選定上、さほど大きな意味を持たないと考えているのではないだろうか。

　最低資本金制度があったころ、株式会社の設立には1,000万円という資本金が必要だったが、現在では資本金が1円でも株式会社を作れるようになった。資本金は、設立時こそ払込の証明が必要だが、その後は現金等で保管されているわけでもないため、資本金の額が大きいからといって、その企業の信用力が担保されるものではない。

　中小企業基本法において、中小企業者と小規模企業者が業種・従業員数・資本金で定義されているため、国の施策ではよく登場する資本金であるが、金融機関や信用調査会社が企業を目利きする際は「参考程度」として扱うのが一般的であろう。

　だからこそ、この資本金の情報を違った切り口で捉えることができれば、アプローチを差別化する武器になる。

図表33　株式会社の設立登記の推移

年次	総数	対前年比(%)	資本金階級別構成比（%）							
			100万円未満	100万円以上	300万円以上	500万円以上	1,000万円以上	2,000万円以上	5,000万円以上	1億円以上
平成25年	87,368	0.5	16.9	31.6	21.4	22.1	5.6	1.5	0.6	0.3
26年	91,757	5.0	16.3	32.8	21.2	22.3	5.0	1.5	0.6	0.3
27年	93,635	2.0	15.9	32.7	20.2	23.8	4.9	1.6	0.6	0.3
28年	95,019	1.5	16.0	33.3	19.4	24.1	4.7	1.6	0.6	0.3
29年	95,781	0.8	16.4	34.2	18.5	23.8	4.5	1.7	0.6	0.3
30年	91,073	− 4.9	16.6	35.0	17.8	23.0	4.7	2.0	0.7	0.3

出典：法務省「登記統計」

■設立時の資本金は「300万円未満」が当たり前？

　資本金はそれだけを単体で見るのではなく、「鳥の目」を働かせて設立年月や売上高とセットで見ることで、どういう企業なのかをある程度特定できる。

　設立からまだ日が浅いにも関わらず、億を超える資本金があり、1期目から相応の売上高が計上されている場合は、大手企業の戦略的な子会社や合弁会社かもしれない。この場合は財務・経理機能が親会社に集約されていることも多いため、アプローチは控えたほうが無難だ。

　億円規模ではないにせよ、設立後日が浅いのに資本金が数千万円ある企業は、創業者以外に「金主」がついていることがある。設立時の資本金がサラリーマンの独立創業時に想定される「元手」を超える額の場合、「数百万円でも十分なのに、なぜそれ以上あるのか？」と出資背景を確認する必要があろう。

　では、設立時の資本金が1,000万円を超えるケースは何％くらいあるのだろうか。法務省の2018年（平成30年）の登記統計によれば、資本金が1,000万円以上の新設の株式会社は7.7％しかない。実に92.3％の新設会社

が資本金1,000万円未満ということになり、300万円未満が全体の51.6％を占めている（**図表33**）。

「株式会社＝資本金1,000万円」という既成概念がこびりついていると、正しい判断ができないかもしれない。昨今の設立時の資本金は「300万円未満が当たり前」と心得ておくべきだ。

■設立時期と創業時期が反転しているケースに注意

　短期間に増資を重ねている企業もある。この場合、「アーリー」や「シリーズA」「シリーズB」といった投資ラウンドを次々に進む、勢いのあるスタートアップ企業である可能性も考えられる。売上高がまだ少なかったとしても、将来の事業性を評価している投資家がいることは事実だろうから、即融資につながらなかったとしても、制度融資を紹介するといったアプローチはしておきたい。

　また、資本金に数万円といった端数があるケースも、それが第三者割当増資の痕跡となっていることがあり、「なぜそうなったのか」「資本構成上の課題があるのか」など、切り口として押さえておきたい。

　これは少々応用的な見方になるが、企業情報データベースが提供する情報で設立年月と創業年月が逆転しているケースは、注意深く見る必要がある。

　一般的に企業は個人事業として創業してから、対外的な信用や税制への対応を考慮して法人化（＝設立）する流れとなるため、創業よりも設立のほうが後の日付となる。この日付が逆転するというのはどのようなケースなのだろうか。「とりあえず企業を先に設立して、2〜3年後に事業を開始した」といったケースの場合はさほど気にする必要はない。

　ただ、設立から事業開始までの期間が10年や20年と長く空いているようなケースは、休眠会社を買い取って事業を開始していることが想定される。このようなケースで資本金が億を超えているようなら、なおさら注意が必要である。取り込み詐欺を働くような不埒な輩は、「業歴の長さ」や「資本金の大きさ」といった企業の外形的な属性を巧みに操りながら、バブルのように信用を増幅させて資金調達などを図るからだ。

図表34　投資ラウンドのイメージ

シード （起業前）	アーリー （起業直後）	シリーズA （市場確保）	シリーズB （事業成長）	シリーズC （企業拡大）

2. 増資・減資から何を読み解き どうアプローチするか

　さて、次は資本金の変化に注目したい。法務省の2018年の登記統計「会社及び登記の種類別　会社の登記の件数」によれば、2018年に増資した件数は計3万2,277件、減資した件数は計4,102件ある。発生頻度としては増資が16分に1件、減資が128分に1件のペースとなる（登記統計は増減資の「申請件数」をカウントしているので、実際に増減資を行った社数はこれよりも少なくなる）。

　分母となる企業数のカウントが難しいものの、第3章でも紹介した納税法人数271万社（2017年度）で見ていくのが実態に近いと考えられる。これに当てはめて考えた場合の発生率は、増資1.2％、減資0.2％となる。増資については、まずまずの発生率であるといえよう。

　かつて有限会社を設立できた時代は、「資本金300万円からスタートして株式会社化に伴って1,000万円に増資、その後は増資しない」という企業が多かった。一般的な同族企業は平時に増資するインセンティブがそもそもないためだ。

　このため、増資機会の多い企業は、第三者割当増資を含む活発な資金調達をしている企業と見なすことができる。増資はステイクホルダー（株主）の増加や株主構成の変動を示していることが多い。

増資が続いている場合は、既存株主か新たな株主かは別にして、当該企業への出資が増えているため、基本的には前向きな見立てができる。

　ただし、DES（Debt Equity Swap：債務と資本の交換）の場合も資本金は増加するため、精査が必要だ。役員借入金といった資本性負債を株式化するようなケースはまだしも、債権放棄の一環で金融機関が介在してDESをしたような先は、当然ながらアプローチ対象にならない。

　とはいえ、増資をしていれば何かしらの事由で資金需要が発生していることは間違いないため、「増資をされているようですが、今後の資金計画はどのように考えられているのでしょうか」「融資という形は考えられないでしょうか」などと切り出してみよう。

■ 中小企業支援策を受けるための減資の場合も

　減資は、累積赤字の補てんや債務超過の回避を目的に行っているケースが多いため、当然ながらマイナスのシグナルと見るのが基本である。資本金の大小が信用面にさほど関係ないとはいえ、減資は「減らす」という行為そのものが、当初リターンを期待した出資が期待外れ、あるいは見込み違いの結果となり、それを取り崩さなければならない、あるいは引き揚げなければならない事態を示しているからだ。

　ただ、税務対策を目的とした減資も少なくはない。2019年10月の消費増税前に、スーパーや百貨店等の小売業者が税務区分上の「中小企業者」になるために5,000万円以下に減資したケースもある。帝国データバンクの調べでは、小売業で2019年1月〜7月に5,000万円以下に減資した企業は412社で、前年同期の252社から6割以上も増えている。

　政府が消費増税に伴う景気対策として打ち出した「キャッシュレス・消費者還元事業」の一環で、中小企業であれば「①消費者にポイント5％還元、②加盟店手数料率約2％台以下、③端末導入負担の軽減」といったメリットを享受できるからだ。同事業以外にも、政府の中小企業支援策として中小企業が享受できるメリットは多い。

　資本金は大きくなればなるほど、税負担は大きくなる。「1,000万円の壁」「1億円の壁」といった資本金の「壁」も事実上存在している。多額の納

税が企業の社会的意義において重要なことはいうまでもないが、「資本金の大きさ」という見栄に固執して利益を圧迫し、キャッシュフローを悪化させたのでは元も子もない。身の丈に合わせた現実的な選択が肝要といえよう。

·························· **法人EBM実践時のアプローチトーク例** ··························

「増資されたのですね。新たな引受先はどちらなのでしょうか。もしかしたら取引先関係でしょうか」

「増資分はどういった投資に回されるのでしょうか。よろしければ計画をお聞かせください」

「減資されたようですが、財務戦略の一環でしょうか」

イベント別に見る法人EBMのポイント
⑤決算期変更

決算期変更（2018年）
発生数：3,079件（発生率0.2%）
頻　度：171分に1件
※出典：帝国データバンクCOSMOS２企業概要ファイル

１．グループ内で決算期が異なる場合は要注意

　決算期については、第３章で「３月決算企業が意外と少ないこと」「毎月一定数の企業が決算を迎えることを念頭においたアプローチが有効なこと」などを紹介しているため、ここでは１つの着眼点を加えるにとどめておこう。

　その着眼点とは、「企業グループ内で決算期を異にしているときは要注意」ということである。なぜなら、グループ内で決算をずらすことが架空売上の温床となっていることがあるからだ。

　例えば、同じグループに属するＡ社とＢ社があり、Ａ社は３月決算、Ｂ社は４月決算だとしよう。この場合、Ａ社は３月にＢ社へ商品を販売すれば、決算書上の売上を増やすことができる。そしてＢ社が４月になってその商品をＡ社に販売すれば、Ｂ社も売上が増えることになる。モノがＢ社に行ってＡ社に戻っただけなので、当然ながらその取引で利益は出ない。実際はモノを動かすことなく、伝票だけでこのような処理ができる。連結決算を行わない中小規模の企業グループであれば、こうした実態を外部から捕捉することは難しい。

　極端な例では、グループ内の関係会社が１カ月ずつ決算月をずらしてい

図表35　決算月変更のパターンランキング

	パターン	件数	割合
第1位	3月→12月	234件	7.6%
第2位	3月→9月	191件	6.2%
第3位	12月→9月	87件	2.8%

出典：2018年12月時点のCOSMOS2企業概要データ

るケースもあった。当該企業は経理事務負担の軽減を主張していたが、関係会社の売上高を合計しても大企業には遠く及ばない売上規模であった。そうであるならば、そもそもグループ内で分社化している意味すらないはずである。不正の意図がなくとも、グループ内で決算期をずらしているだけで、決算処理が不透明との印象を持たれかねないことを、企業側には理解させる必要がある。

2．決算期が変更されたことに着目する

決算期変更というイベントは、年間で3,079件発生している。頻度でいえば171分に1社程度ということになり、さほど多くないイベントといえる。では、企業はなぜ決算期を変更するのだろうか。具体的には次のような理由が想定される。

・資本系列が変わり、新たな親会社の連結決算に組み込むため変更する
・設立時はあまり意識せず決算月を設定したが、「見栄え」を意識して変更する

後者は、主に官公庁からの仕事を受注している企業に起こることが多い。官公庁案件の発注は、2〜3月に集中することが多いからだ。

企業が仕事を受注すると、資材や外注費の支払いが先行してキャッシュが減少し、案件の検収を経て着金する時期にキャッシュは最も潤沢になる。官公庁案件を手がける企業の場合、3月は先行支払いによって手元キャッシュが少なくなる時期であり、年度末決算だと見栄えが悪い。官公庁案件は、入札要件として財務の健全性が求められるケースもあるため、

決算期を年度末以外に変えることがあるわけだ。実際、官公庁案件の受託が多い土木系の企業には、5月や6月の決算が多い。

なお、決算期を変更する場合、何月に変更するケースが一番多いだろうか。図表35のとおり、最も多いのは3月から12月への変更である。

外資系企業は12月決算が多いため、12月に決算期を変更した場合は、外資系の傘下となった可能性が推測できる。また、グローバル企業については、国際会計基準（IFRS）の導入によりグループ各社が一斉に12月に変更するケースもある。花王や横浜ゴムがそれに当たる。

決算期の変更が資本系列の変更を意味している可能性があることを想定して、アプローチ方法を考えるのもよいだろう。

···························· **法人EBM実践時のアプローチトーク例** ····························
「決算期を変更されたようですが、もしかして資本系列に変化があったのでしょうか」
「3月決算から6月決算に変更されたのは、官公庁の案件を積極的に受注していこうというお考えからですか」
··

7 イベント別に見る法人EBMのポイント ⑥メインバンク変更

> **取引銀行変更**（2018年）
> 　発生数：12万1,488社（発生割合8.2%）　頻　度：4分に1件
> **メインバンク変更**（2018年）
> 　発生数：2万8,901社（発生割合2.0%）　頻　度：18分に1件
> 　　　　　※出典：帝国データバンクCOSMOS２企業概要ファイル

1．メインバンクは「Ｃ２」取引銀行欄の最左に掲載

　これまで取り上げてきた「商号」「住所」「代表者」「資本金」が商業登記で確認できるのに対し、「取引銀行」は登記では確認できない（不動産を所有する企業であれば、不動産登記上の根抵当権の債権者から窺い知れることはある）。

　ホームページに１～２行掲載している企業もあるが、ホームページ開設後に取引銀行が変わっているのに開設時のまま記載されていたり、振込専用の金融機関だけが記載されていたりすることもある。さらには、預金取引しかないのにメガバンクを記載して、"箔をつけようとする"ケースもある（ホームページの見方は第６章で詳説）。

　帝国データバンクの企業概要データベースCOSMOS２（以下、Ｃ２）には、支店名とセットで最大10行庫分の取引銀行が収録されている。基本的には「取引関係の強い順」での掲載となっており、一番左側の金融機関がメインバンクであることを意味する。

　「取引関係の強い順」とは、当該企業がメインバンクとしている先を筆頭として、その他は「借入残高順」に並ぶのが一般的だ。したがって、自行

庫・自店がメインバンクを自負している企業については、認識に相違がないかを確認しておきたい。

　メインバンクには法的な定義や各行庫統一の定義があるわけではない。一般的には「借入残高」の大小や「取引年数」が判断材料になるが、結局は「企業側がどう考えているか」による。帝国データバンクでは、企業に直接「メインバンクはどこですか？」と確認しているため、必ずしも借入残高だけで決まるものではないことを知っている。

　調査時に「〇〇銀行さんがメインバンクではないんですね。どういう理由でしょうか？」などと聞くと「期末時点の残高は〇〇銀行が多いんだけど、期中平残では××銀行のほうが多いんだ」「今の返済が終わったら、いつも情報をくれている△△信金にお世話になろうと思っている」「規模は小さいけど親身になって話を聞いてくれる□□銀行がメインだよ」といった回答が返ってくることもよくある。こうした、いわゆる「精神的なメイン行」が掲載されていることも少なくない。

　金融機関側と企業側の「メイン認識」が一致していれば問題はないが、違っているようであればなぜ違うのかを丁寧に聞いて、真摯に受け止めたうえで今後の営業活動の参考にしていくべきだろう。

■掲載が1行のみなら無借金企業の可能性も

　金融機関との与信取引がまったくなく、振込専用などで複数の金融機関に預金口座だけがある企業の場合は、取扱いが多い金融機関1行のみが掲載されるルールとなっている。1行しか掲載されていない場合は、「どの金融機関も融資を攻めあぐねている難攻不落先」か「1行メインの企業」であることを意味する。どちらにせよ入念な事前準備をして、攻略法を考えてから訪問せねばなるまい。

「支店の場所」にも着目しておこう。Ｃ2の取引銀行は支店名とセットで掲載されるが、その企業の本店所在地から離れた支店と取引していたり、1行だけ支店が遠方だったりするケースがあるため、見落とさないようにしたい。現在の取引内容はともかく、離れた支店と取引がある場合、その企業にとって「何らかの縁」がある金融機関である可能性が高いからだ。

図表36　業態別に見るメインバンクの割合

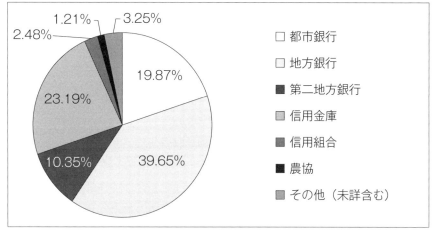

都市銀行
地方銀行
第二地方銀行
信用金庫
信用組合
農協
その他（未詳含む）

出典：帝国データバンク「全国メインバンク調査」（2018年）

　例えば創業地がその支店の近くで、創業直後の苦しい時期に親身に支援してくれた恩を忘れず、本店が移転しても経営者が変わっても、当該金融機関との取引を継続している——といったケースがある。実際、今や大手企業となっているが、新規設備投資の相談はまずそのような関係の金融機関に持ちかけている——という大手菓子メーカーの事例もある。

　アプローチする際は「1つだけ遠方の金融機関とお取引があるようですが、何か特別なご関係なのでしょうか？　差し障りなければ経緯を少しお聞かせください」などと切り出してみたい。過去の苦労話とともに、金融機関との取引スタンスが聞けるかもしれない。

■企業規模に見合わない多行取引に要注意

　最近はメインバンクを持たない企業も増えているようだ。政府系金融機関をメインと称している企業もあると聞かれる。

　ひと昔前には、取引金融機関の変遷から信用状態を読み取ることもできた。「メガバンクと取引していた企業が融資を断られ→企業側からすれば金利等の条件面で見劣りする地銀や信金・信組との取引に変えていき→最後はノンバンクや闇金融のような高利貸から資金調達する」というのが倒

産の典型的なパターンであった。

　一方、2018年のメインバンク調査（帝国データバンク調べ）では、地銀をメインバンクとする割合が39％を超え、10年連続でシェアトップとなった（**図表36**）。メガバンク以上の低金利を提示する地銀もあるようで、低利で資金調達をしたい企業との思惑が一致するようなケースもある。精緻な検証はできていないものの、取引金融機関の「格」の変遷が、一概に倒産のシグナルとはいえなくなってきているのだろう。

　気をつけたいのは、企業規模と比較して取引銀行が多すぎる、いわゆる「多行取引」のケースだ。特に都市部で年商が数億円しかない企業のＣ２取引銀行欄に、10行庫目一杯掲載があるような場合は要注意だ。企業側からすれば、多くの金融機関と取引すれば金融機関の数だけ資料作成が必要となり、手間暇がかかる。にも関わらず「なぜそうするのか」という疑いの目を向ける必要がある。

　個人情報保護法の施行以降、金融機関間で情報交換ができなくなったことを逆手にとって、金融機関ごとの借入明細が「粉飾の温床」となるケースが後を絶たない。粉飾をするような企業は、得てしてメインバンクを持っていない。メインバンクがなければ金融機関同士が疑心暗鬼になるし、特定の金融機関が積極的に経営に関与することも難しくなる。

　多行取引している企業に提案を持ち込む場合は、「金融機関と柔軟な取引をしている」といった好意的な解釈をするのではなく、「なぜこの規模でこれだけ多くの金融機関と取引する必要があるのか」と、懐疑的な視点を持つべきである。

2．メインバンク変更は金融機関必見のイベント

　メインバンクや取引銀行の変更は、法人EBMを行う金融機関の営業担当者にとって必見のイベントである。このイベントは、当該企業の金融取引方針の変更を意味するからだ。新規開拓のシーンでも、既存先への営業シーンでも、このイベントは見落とせない。

　例えば新規開拓のシーンでは、「難攻不落先だと思っていた企業が新し

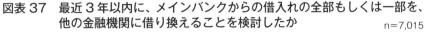

図表37　最近３年以内に、メインバンクからの借入れの全部もしくは一部を、
　　　　　他の金融機関に借り換えることを検討したか

n=7,015

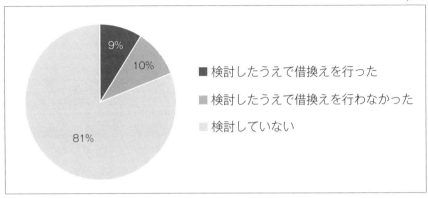

9%
10%
81%

■ 検討したうえで借換えを行った

■ 検討したうえで借換えを行わなかった

■ 検討していない

出典：金融庁「企業アンケート調査の結果」（2018年９月公表）

い金融機関と取引を開始した」ことが判明したのであれば、「攻め方さえ
考えれば門戸が開く」ということが分かる。「自行庫がメインバンクと自
認していた既存先のメインバンクが変わった」となれば、由々しき事態で
ある。「メインバンクの認識が双方で最初からズレていた」という悲しい
ケースも中にはあるだろう。ただ、実態としてメインバンクの座から陥落
したのであれば、その理由を詳しくヒアリングし、再発防止策を練る必要
がある。

■企業が重視するのは事業への理解や支援姿勢

　もう一歩掘り下げて、企業がメインバンクを変えるときに、企業側では
何が起きているのかを見ておこう。

　金融庁が一般企業向けに実施した「企業アンケート調査の結果（2018年
９月公表）」では、メインバンクから他行庫への借換えの検討状況（回答
数7,015社）が明らかになっている。「最近３年以内にメインバンクから他
の金融機関への借換えを検討したか」という設問について、19％の企業が
借換えを検討し、そのうち約半数が実際に借換えを行ったと回答している
（**図表37**）。裏返せば81％の企業は借換えを検討しなかったともいえるが、
それで安心してよいだろうか。

実際に借換えを行った企業に理由を聞くと、「金利や貸付期間の条件が良かったから」が73％を占め、「複数の金融機関と取引を行いたいから」が25％、「融資の意思決定が早いから」「担当者の頻繁な訪問があるから」が23％、「事業への理解が高いと感じたから」が21％と続き、冒頭の理由が他を圧倒している（図表38）。

　一方、アンケートでは借換えを検討しなかった企業がどのような場合に借換えを検討するかも聞いている（図表39）。この回答としては「金利条件が悪化した場合」が52％、「事業を理解・支援してくれないと感じた場合」が42％と、この２つが突出している。「担当者の訪問が少なくなった場合」は11％しかなく、顧客への足が遠のいている営業担当者はひと安心かもしれない。しかし、最初の２つの回答を踏まえると、「訪問頻度」は問わないが、「事業への理解や支援姿勢」をしっかり示してもらいたい、という企業側の意思が透けて見える。

「借換えを検討したが実施しなかった」と回答した企業が理由に挙げたこととしては、「メインバンクを信頼しているから」が約45％と最も割合が高い（図表40）。「様々な条件を比較した結果、メインバンクのほうが良いと感じたから」が35％、「メインバンク以外は情報や信頼関係がなく、メインバンクと同様の融資姿勢か不安だったから」が11％と続く。

　１人の法人営業担当者の立場で考えれば、金利や貸付条件については営業現場にそれほど裁量権があるわけではない。それでもマメな訪問や事業への理解は個人の努力で何とかできる領域といえる。事業への理解を通じて財務面以外の定性的な材料をいくつも引き出すことによって、企業側が望む融資条件に近付けられる可能性も出てくる。

■ ３割超の企業には新規の金融機関が接触している

　さらにアンケートを紐解いてみよう。金融機関からの融資の勧誘状況について、「最近３年以内に営業担当者の訪問・電話等によって新規の借入れを行うように、または既存の借入額を増やすように勧誘を受けたことはあるか」という問いには8,546社が回答し、このうち実に全体の65％の企業が融資の勧誘を受けていると回答した（図表41）。

図表38　最近3年以内にメインバンクからの借換えを検討したうえで借換え
　　　　を行った場合、その理由は何か（複数回答）　n=621

図表39　最近3年以内に借換えを検討していない場合、今後どのような場合
　　　　に借換えを検討するか（複数回答）　n=5,520

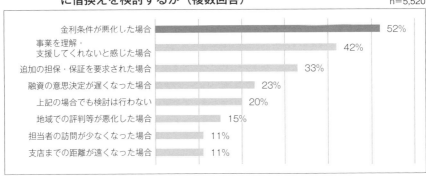

図表40　最近3年以内に、メインバンクからの借換えを検討したが、借換え
　　　　を行わなかった理由は何か（複数回答）　n=639

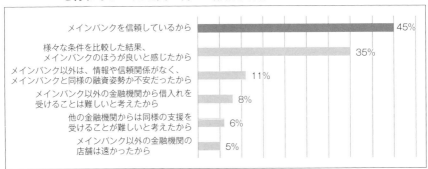

出典：図表38〜40すべて金融庁「企業アンケート調査の結果」（2018年9月公表）

企業規模別に見ても、小規模の企業においても59％の企業が融資の勧誘を受けており、中規模では70％、中堅では73％、大規模では84％と、規模が大きくなるほど多くの企業が融資の勧誘を受けているという結果になっている。

　この回答には、既存の取引金融機関からの融資勧誘も含まれており、取引がない金融機関からの勧誘に絞ればその割合は低下するが、それでも33％の企業が接触を受けているという結果になった。大規模になるほど知名度も上がるせいか、大規模企業に限れば52％とほぼ半数が取引がない金融機関からアプローチを受けている。

　一般事業会社が扱う商品であれば、「性能」や「実績」で差別化ができるが、金融機関は商品そのものでは競合との差別化が難しい。そのため融資実行までの「スピード」といったサービスレベル以上に、「金利」という分かりやすい部分に企業の目が行きがちである。

　こうした差別化が難しい特性を踏まえても、金融レポートにある「自社への理解」の訴求が重要になってくるといえる。「事業性をよく理解できていない」と思う融資先があるのであれば、地道に訪問をして対話することが求められよう。

3．他行庫のノベルティに着目してEBMを実践

　メインバンクの変更はどれくらいの頻度で発生しているのだろうか。金融庁の企業アンケート調査でも確認したが、企業概要データベースCOSMOS 2でも見ておこう。2018年の1年間でメインバンク変更は2万8,901件発生している。取引金融機関数の増減や掲載序列の変化までを含めれば12万1,488件になり、発生率にすると8.2％になる。

　前述のとおり、商号変更や住所移転といったイベントに比べ、メインバンク変更は金融機関にとって直接的に関係があるものだ。もし金融機関の法人営業担当者として100社担当していれば、上記の発生率に鑑みれば8件は他行庫に奪われてもおかしくはないし、8件は奪取できる可能性があるわけだ。自分が営業活動をしているときには、実はライバル行庫も一所

図表41　最近3年以内に、営業担当者の訪問・電話等によって新規の借入れを行うように、または既存の借入額を増やすように勧誘を受けたことはあるか

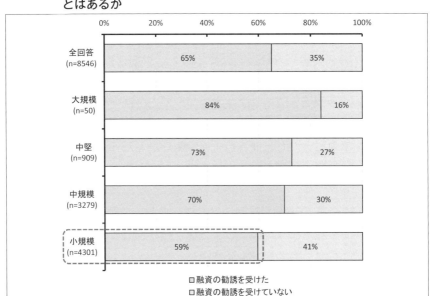

出典：金融庁「企業アンケート調査の結果」（2018年9月公表）

　懸命に提案をしている。そうした動きは普段なかなか認識できないが、いざ取引が中止されたり肩代わりされてしまったりしたときに「痛み」となって初めて分かる。

　変化のパターンに注目すると、政府系金融機関としか取引がなかった企業が民間金融機関と取引を開始したのであれば、その企業の事業が軌道に乗り始めたサインと読むことができる。「設立から5年が経過しましたね。最近の事業はいかがでしょうか」などと、公表されている情報を使いながらアプローチを試みたい。

　メインバンクや取引銀行の変化というイベントをつかんで訪問する際は、いきなり「銀行取引を変えたのですか」と切り出すわけにはいかない。まずは、事務所や応接、社長室に置かれている備品やカレンダーを注意深く観察しよう。金融機関ではそれぞれマスコットキャラクターを作っ

ているケースも多く、自行庫以外のマスコットグッズがないか、目を配っておくべきであろう。

　特に、競合ひしめく都心部に新店舗を開設した地域金融機関は、知名度を上げるため挨拶回りの際にマスコットグッズを置いていくことがある。メインバンクの営業担当者は訪問時にそのグッズを見るやいなや、「シェア獲得競争に入ってくるのではないか」という恐怖心を抱くであろう。そういう場合も、マスコットを指差しながら、「○○銀行さんと取引を開始されたのですか」と涼しい顔で話を振っていくようにしたいものだ。前回と違うことを事前に察知し、問答想定や対策を講じたうえで訪問することができれば、失地回復や新規開拓のチャンスが広がるだろう。

……………… **法人EBM実践時のアプローチトーク例** ………………
「メインバンクを変えられたのでしょうか。もしよろしければメインバンクに求めていることをお聞かせください」
「取引行数が増えているようですね。金融サービスに関するお取引方針が変わったのでしょうか」
「取引行数が減っているようですが、何か理由があるのでしょうか。差し障りのない範囲でお聞かせいただけないでしょうか」
………………………………………………………………………………

イベント別に見る法人EBMのポイント
⑦従業員数の増減

┌───┐
従業員数の増加（2018年）
　発生数：13万3,407社（発生割合9.4％）　頻　度：４分に１件
従業員数の減少（2018年）
　発生数：11万9,402社（発生割合8.4％）　頻　度：４分に１件
　　　※出典：帝国データバンクCOSMOS２企業概要ファイル
└───┘

１．三大経営資源の１つ「ヒト」の増減に注目

　2018年度の人手不足倒産は169件（前年度比48.2％増）となり、2013年度以降は右肩上がりで推移し、過去最高を更新した（**図表42**）。一方、2019年４月に施行された「働き方改革関連法」では、長時間労働の是正や年次有給休暇の取得義務などが定められており、労働環境は大きく変化している。

　人手不足に関する企業の動向調査（2019年７月）では、正社員が不足する企業は48.5％と１年前と比較して2.4ポイント改善しているが、依然として高水準で推移している（**図表43**）。小売業などでは「人手不足によって店舗運営がままならない→サービスの低下を招く→売上が減る」という悪循環に陥っているケースもある。

　かつて敵対的買収が連日マスコミで取り上げられた際、「企業は誰のものか」について、「株主」「経営者」「従業員」というそれぞれの視点で論争が起こったが、その後、企業を取り巻く環境や社会構造が変化し、従業員満足度（ES）は顧客満足度（CS）と同じくらいクローズアップされるようになった。労務コンプライアンスが叫ばれる中、三大経営資源の１つ

である「ヒト」、すなわち従業員の増減は注目情報といえる。

従業員についてはその総数もさることながら、企業の事務所を訪問したときの職場の雰囲気も観察しておきたい。業績が良い企業や堅実な企業は従業員に活気があり、挨拶などもしっかりしているものである。

こうした雰囲気は財務諸表からは読み取れないが、企業の良し悪しを示す定性的な情報であり、いずれ財務諸表にも影響をもたらす潜在要素なのである。

■従業員数の増加は基本的に良いシグナル

法人EBMのきっかけとして「従業員数の増加」というイベントをつかんだ場合、それは何を意味するだろうか。2018年に従業員が増加した企業数は13万3,407社であることが判明している。

総数で増えるということは、「①企業が従業員を必要とし、②雇用される側がその企業に入るという選択肢をとった」という2つのことを意味する。総数の増加は、「辞める人数よりも入る人数のほうが多い」ということでもあるから、基本的に良いシグナルと受け取ってよいだろう。

既存のビジネスがうまくいって増員するケースや、新規事業に伴い一定数の従業員を確保するケース、新たな地域に出店するために増員するケースなど、様々なケースが想定される。「なぜ増えたのか」「今後も増えていくのか」を基本線に、営業仮説を立てたい。

反対に従業員が減少している場合はどうだろうか。2018年に従業員数が減少した企業の数を見ると11万9,402社ある。

従業員数は生産力を左右するため、減員の場合は売上減少が予想され、運転資金需要も後退することが多い。直販から代理店販売に切り替えたことから、余剰人員を整理したのかもしれない。既存ビジネスの不振、新規事業の失敗、不振店舗の閉鎖なども背景として考えられる。いずれにせよ、人を離す、もしくは人が離れる理由が確実にあり、経営がうまくいっていない可能性があるため、その打開策を求めていると想定してアプローチしたい。

人手不足倒産は決して他人事ではない。国内の労働人口が増えない状況

図表 42　人手不足倒産の件数

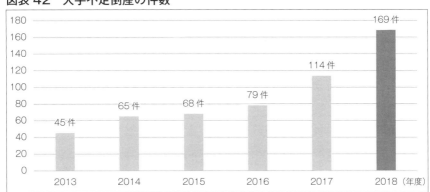

出典：帝国データバンク「人手不足倒産」の動向調査（2013 ～ 18 年度）

図表 43　従業員（正社員）の過不足感

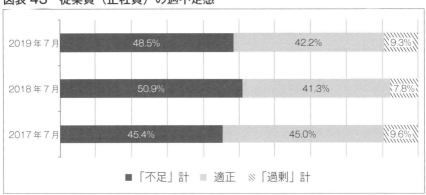

出典：帝国データバンク「人手不足に関する企業の動向調査」（2019 年７月）
注：「不足」計は「非常に不足・不足・やや不足」の合計、「過剰」計は「非常に過剰・過剰・やや過剰」の合計

下では、産業間・企業間で従業員の争奪戦となるため、雇用環境を整えな
ければ人は容易に離れていってしまう。

■リストラ情報をつかんだらその「成否」を確認

　では、従業員数が「長年変わっていない」という場合は何を意味するだ
ろうか。本題からは少々離れるが、「売上が伸びているのに従業員数が変
わっていない」のであれば、売り方を変えたか、従業員を酷使しているか
のいずれかに該当する。また、「売上が横ばいで従業員数も変わっていな

い」のなら、社内でマンネリ化を起こしていて、将来の減収要因を作ってしまっている可能性もある。「変わっていない」ことからもそうした推察はできる。

企業側が主体的に減員を図る「リストラ」も、イベントの1つだ。リストラとは、事業再構築の一環として余剰人員を整理解雇することであり、企業イメージとしてはマイナスに捉えられる。

確かに、早期退職制度で割増退職金を支払うことにより期間損益は一時的に後退することになるが、その後は賃金が高い従業員のコストが抑えられ、同時に新卒や中途採用を継続しているのであれば人材の新陳代謝が進むことになる。よって「リストラ＝経営困難」というステレオタイプで捉えるべきではなく、その「成否」を見極める必要がある。

ただし、リストラは企業と人、そして人と人の離別を意味するため、残る従業員を再結束する強い経営指針や将来ビジョンがなければ、ますます雰囲気が悪くなって業績が悪化するリスクも抱えていることを理解しておこう。

2. 従業員の増減から移転・新築のニーズを探る

従業員の増減という情報からは、オフィスが手狭になっている・持て余しているという仮説が考えられる。

さて、従業員1人あたりのオフィス面積がどれくらいか、みなさんはご存知だろうか。ザイマックス不動産総合研究所の「1人あたりオフィス面積調査（2019年）」によれば、2019年の東京23区の1人あたりオフィス面積は3.71坪だった。2008年の調査開始以降、概ね4坪弱での推移となっている（**図表44**）。

例えば40坪のオフィスにこれまで10人が働いていたが、そこに5人が増員されたとなれば、1人あたり2.7坪と平均を大きく下回り、窮屈なオフィス内の風景が思い浮かぶ。したがって増員に伴う移転ニーズはもちろん、業績が好調であれば本店や事業所の新築といった、より大きな設備資金の提案もできるだろう。

図表44　1人あたりオフィス面積の推移（2008 ～ 2019、東京23区）

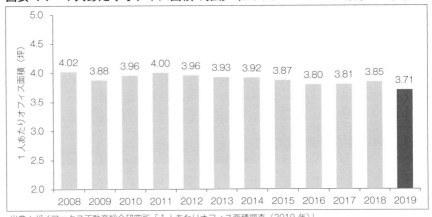

出典：ザイマックス不動産総合研究所「1人あたりオフィス面積調査（2019年）」

　また同調査によれば、オフィス需給がひっ迫して移転先が限定されることに加え、フリーアドレスやテレワークなど働き方改革を推進するテナントの増加により、利用人数に対してこれまでより小さい面積のオフィスに入居するケースが多くなっているそうだ。女性を中心に育児や介護をしながら就労するケースも増え、コワーキングスペースの活用やテレワークを推奨・導入する企業も増えている。

　従来のように従業員の増加から移転・増床といった物理的な需要だけを想定するのではなく、テレワークやオンライン商談システムの導入といったシステム投資の提案可能性も探っておきたい。

························· **法人EBM実践時のアプローチトーク例** ·························
「従業員数が増えていますね。どういう職種の方が増えているのですか」
「事務所が手狭になってきていませんか？　業績も好調ですし、そろそろ本店建設を考えてもよいのではないでしょうか。従業員の皆さんのモチベーションもアップしますよ」
「最近はテレワークを推奨している企業が増えていますね。御社では働き方改革についてどのように取り組まれているのでしょうか」

イベント別に見る法人EBMのポイント
⑧商流変更

仕入先変更（2018年）
発生数：18万8,508社（発生割合13.3％）　頻　度：3分に1件
得意先変更（2018年）
発生数：22万7,045社（発生割合16.0％）　頻　度：2分に1件
※出典：帝国データバンクCOSMOS2企業概要ファイル

1．企業に直接ヒアリングを行い商流を確認する

　いかなる企業であっても、その存在意義は、取引の成立、すなわち取引
相手への何らかのメリットの提供によって裏付けられる。よって、金融機
関が事業の流れを図示した「ビジネスモデル俯瞰図」や「商流図」として
取引関係情報を収集していることは、企業の存立基盤を理解するうえで理
にかなった動きである（図表45）。

　企業の仕入先・得意先（販売先）等については社名だけではなく、支払
方法や回収方法、締め日、現金／手形の扱い比率なども把握することが重
要だ。

　自行庫内で企業のビジネスモデル俯瞰図を作成する場合、入手している
決算書の勘定科目付属明細書の売掛金・買掛金明細を転記しているケース
もあると聞かれる。しかし、この場合は期末残高ベースとなるため、企業
の実態を必ずしも表さないものになる可能性がある。加えて、前期末以降
の変化については捕捉できない。よって、直接その企業に最近の恒常的な
取引シェアを聞く必要がある。

　得意先に有力企業が含まれている場合は、「なぜその企業と取引できて

図表45　ビジネスモデル俯瞰図のイメージ

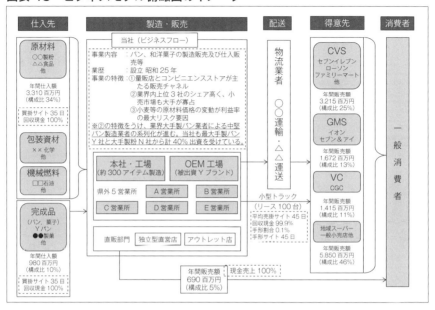

いるのか」を深掘りすることで、強みの源泉をつかめることがある。「御社の強みは何ですか？」と漠然と聞くくらいなら、「なぜ有力企業の〇〇社と取引ができているのですか？　よろしければ取引開始の経緯や評価されているポイントを教えてください」と聞いたほうが具体的で、相手も答えやすいのではないだろうか。

■早期支払いにより値引きを実現している場合も

　取引条件については、企業間の新規取引の段階ではお互い信頼関係がないため、信用の補完材料がない限り、小ロット・短期サイトまたは現金での取引開始となる。商品・サービス、営業姿勢、企業風土への理解が深まるにつれ、取引条件は多ロット、業界平均サイト、手形（電子債権など）へと拡大していくことになる。

　この取引条件には、「強み」「弱み」も表れる。業界の商慣習よりも有利なサイトの場合は、一般的には「強み」が隠れている可能性がある。例え

ば、業界一般の支払いサイトが30〜60日であるのに対して、その企業が60〜90日で支払っている場合、「支払いが遅くても仕入先が売ってくれる強みがある」というわけだ。「取引してあげるけど、支払いは遅くなるよ。それでもいい？」といったことを仕入先に言える企業は、販売力や商材の優位性など何らかの強みを持っているはずである。

逆に支払サイトが短く不利である場合、前述のように信用が確立されていないケースが一般的だが、中にはキャッシュリッチを背景に「早く払うから値引きしてほしい」と仕入先に要請しているケースもある。また、大手ゼネコンなどでは「下請けいじめ」を許さない当局の指導により、これまでの120日の手形払いを60日手形に短縮したり、現金払いに変更したりする取組みも見られる。

したがって、取引条件もそれ単体では判断せず、現預金や粗利益率、業界の商慣習のトレンドといった「鳥の目」で見る必要がある。銀行等金融機関の商慣習が時代とともに変わっているように、他の業界の商慣習も変わっており、ここでも先入観は禁物である。

■ 大手商社との取引は与信判断上プラス評価に

財閥系大手商社と取引をしていれば、大手商社の取引審査をパスしたことを示す。国内外で多くの企業取引を持つ財閥系大手商社には、歴史的に蓄積されてきた審査能力があり、その高さには眼を見張るものがある。

もちろん、金融機関の審査とは着眼点が異なるが、大手商社との取引を与信判断上のプラス材料と見るのは「常識」である。企業の目利きそのものを他者に依存することはあってはならないが、商流から企業の信用を読み取ることは重要といえる。

商流からは外れるが、これに似た話として、大手ファストフード店の隣に出店を続ける中華料理チェーン店や、大手コンビニエンスストアの隣に出店を続ける惣菜弁当販売店などがある。これは、自社よりも優れた他社の「出店エリア戦略」を取り入れるもので、自社のマーケティングコストを抑える効果がある。一定規模以上の企業については、こうしたマーケティング戦略への着目・理解も欠かせない。

　商品・技術力の面において、商流情報は自行庫が気付けていない企業の
強みやその源泉を知るきっかけとして活用できる。

２．商流変化は法人EBMで最頻出のイベント？

　商流の変化は、自行庫内の為替情報で視覚的に捉えることが理論的には
可能だが、「データ量が多すぎる」「未取引先の商流は追えない」などの理
由もあって、十分に活用できている金融機関はそう多くはない。
　企業概要データベースCOSMOS２（Ｃ２）では、商流データとして仕
入先と得意先をそれぞれ５社ずつ提供している。収録順は原則として取引
金額が多い、もしくは重要度が高い順に並んでいる。いわゆる「主力先」
である。この仕入先・得意先情報を以前に参照したＣ２と比較すると、
様々な仮説を立てることができる。
　企業は日々営業活動を行い、縁あって新たな取引が開始され、そしてい
ずれは取引がなくなる。新しい商品・サービスも、自社内のリソースだけ
で世に出せるケースは少なく、新しい仕入先との取引を伴うのが通例であ
る。仮に取引する企業が長年同じであったとしても、各社との取引量は
年々変化があるはずである。特に大口案件の発生は、自社ではコントロー
ルできない要素でもある。
　したがって、閾値次第ではあるが「商流変化」は、法人EBMにあたり
最頻出のイベントともいえるだろう。

■事務所内の変化に着目してヒアリング

　主力仕入先の変化は年間18万8,508件発生しているが、ここからは次の
ような推測ができる。
「新製品をリリースしたことに伴い、仕入先が変更したのかも？」
「購買方針が変わったなど、既存先と取引を止めた背景がある？」
　一方、主力得意先の変化は年間22万7,045件発生しているが、こちらも
以下の推測が可能だ。
「営業担当の役員が交代し、新たな販路開拓に成功したのかも？」

「（商社から小売りに変わっていたのであれば）チャネル政策が変わったのかも？」

いずれにせよ、変化がそこにあるわけだから、その理由を確認するアプローチが必要である。

仕入先・得意先等についてヒアリングする際は、メインバンク変更の場合と同様、事務所内の変化を見つけて、そこから切り出すのがよい。

例えばこれまで二番手シェアの企業がトップシェアになっているという情報をつかんでいたならば、ノベルティやカレンダーを注意深く観察し、「こちらの企業さんとの取引は長いのですか」といった具合に、それとはなしに質問をしてみる。経営者もその企業との取引のきっかけを話しているうちに、現在の取引ぶりについても話してくれるかもしれない。

ノベルティやカレンダーは基本的に当該企業にとっての仕入先が持参してくるものなので、仕入れ面の変化に着目して運転資金需要を探りたい。

■商流変化からは倒産兆候も炙り出せる

商流変化に関する法人EBMは、危険な企業の発見にも活用できる。

まず、得意先が頻繁に変わっている場合には要注意だ。得意先がよく変わるのは、長期的な営業政策を持たない場当たり的な営業が原因となっていることが少なくない。品質面でもトラブルが絶えない、あるいは納期管理がずさん、支払条件が良くないといった問題を内包している可能性もある。

頻繁な変更に注意が必要なのは、仕入先についても同様である。外注先や主要商材を仕入れる企業が頻繁に変わっている場合、与信面から取引を避けられ、やむを得ず仕入先を変更しているケースがあるからだ。

特定の大口得意先への過度な依存についても、注意を払う必要があろう。何らかの事情により大口得意先を失えば売上の大半を失い、企業の存続が危うくなる。何とか頑張って代替先が見つかったとしても、不利な取引条件を呑まされることが多く、資金繰りがより厳しくなる可能性が高まる。取引条件の変更自体は外部から見えづらいが、売上が増えていないのに売掛金や受取手形が増加していたら、条件変更やその背景を探ってみる

ことも必要だろう。

　また、仕入先・得意先の顔触れには当然注意が必要だ。まず仕入先・得意先に同業者が入っていないかをチェックしたい。同業者間で商品を転売していく「仲間取引」では、商品価格に変動が生じやすいうえ、投機性の高いものを扱うことが多い。相場が暴落すると、在庫を抱えた企業が甚大な影響を被ることになる。また融通手形など手形操作の温床にもなりやすいため、注意が必要だ。

　企業間取引は、商品・サービスを含む自社の信用によって増減し、入金という形で完結する。入金情報は取引の結果を示す情報だ。業界内での信用失墜は致命傷になることが多く、いち早くそのことに気付くのは同業者であり、仕入先・得意先である。金融機関にはこうした情報を能動的に収集する努力が求められる。

3．得意先の変化をきっかけとした「二次法人EBM」

　自行庫の取引先自体に発生したイベントではなく、その得意先に発生したイベントから法人EBMができるケースもある。「二次法人EBM」とでもいうべきだろうか。

　一例を挙げよう。ある完成車メーカーA社が、特定車種についてフルモデルチェンジをすると発表した。発表当初、地元金融機関の本部では「これに伴う下請企業の設備投資は限定的」との判断をしていたが、自行庫の取引先の中から「A社を得意先に持つ部品メーカー」を抽出してアプローチをかけた担当者がいた。蓋を開けてみれば、部品メーカーを中心に工場のラインを組み直す必要があり、相応の資金需要が発生。部品メーカーにアプローチを行った担当者は、「期待していた以上の融資実績になった」と喜んだ。

　これは、「取引先にとっての主力得意先である完成車メーカーのフルモデルチェンジ」というイベントがもたらしたものである。

　「二次法人EBM」に成功したこの担当者は、部品メーカーの工場の築年数も確認し、「社長、A社の車がフルモデルチェンジするらしいですね。

御社への影響はいかがでしょうか。御社の工場は改正建築基準法以前のものですね。一度、設備更新についての提案についてお時間をいただきたいのですが、いつがよろしいでしょうか?」とアプローチしたという。

　もともと工場が老朽化していたところに、こういったイベントの情報があれば、経営者が経営課題を認識し、平時よりも提案が成功する確率は高まる。場合によっては、こうしたイベントを機に廃業を選択する企業もあるのだが、そうしたことも含め、変化は生じるということだ。

　こうした二次的なイベントは、「下請け」の中小零細企業には常に生じるものだが、地理的に集積していない業種の場合は、個々の影響元をすべて精査しなければならず、効率が悪くなる。一方で営業エリアに企業城下町などの産業集積地があれば、その産業構造の頂点に位置する企業の動向には常に注意を払っておきたいものだ。

　これまでにも、頂点企業から「品質管理や情報管理を徹底するように」という指示があり、下請企業が一斉にISOやISMSといったマネジメントシステムを導入した(させられた)ケース、「与信管理を強化するように」という指示があり、下請企業が顧客管理システムを導入したケースなどもあった。「二次法人EBM」は、金融機関にとって「特需」をもたらすことがあるのだ。

■商流が企業の技術力の裏付けとなることも

　最後に、ある造船関係の二次下請けメーカーX社の例を紹介する。いわゆる町工場であるX社は、得意先(一次下請け)であるB社の仕様・期限の指示に従い一所懸命に部材を作っていたが、自社が作っている部材の商流を把握していなかった。つまり、最終的に自社の部材がどこで何に使われているのかを知らなかったのである。

　下請企業が自社の扱う商材の商流を知らされないケースは多いが、このX社は、B社の仕様どおり・期限どおりに作ることができる「自社の技術」が、他社と比べて競争優位性の高いものであることにも気付いていなかった。B社の発注元は有力造船メーカーであり、X社はそのサプライチェーンの一端を担っていたのだが、X社はそのことも認識していなかっ

たわけだ。

　そのＸ社に対し、技術力の高さを商流から裏付けるように説明し、さらに「他県の異業種メーカーにもその技術が応用できるのではないか」と販路拡大の可能性を伝えたところ、Ｘ社の経営者は目を輝かせて喜んだ。

　自社の「強み」に気付いていない中小企業経営者は意外と多い。当事者が知り得ない商流を第三者が知ることは難しいが、経営者との対話を深めていくことで分かることもある。中小企業の経営者は、商流の「源流にある大企業」がどれだけの有力企業かすら理解していない可能性もある。自行庫内の有力企業の商流分析を行い、下請中小企業の経営者との対話を通じてその「強み」に気付かせることは、金融機関の重要な役割ではないだろうか。

　こうした情報面での企業支援は、金融庁のいう「伴走型支援」の一翼となるだろう。ゆえに、経営者との直接の対話が重要なのである。

························· **法人EBM実践時のアプローチトーク例** ·························
「主力得意先から大口の入金がありますが、何か特需があったのですか」
「主力得意先の取引シェアが変わったようですが、何か背景があるのでしょうか」
「新しい仕入先が追加されたようですが、新製品の計画などがあればぜひお聞かせください」

1. 入出金額・件数の変化から取引振りを推測

第4章の締めくくりとして、入出金情報を起点とした法人EBMについて解説したうえで、「代表的なイベントと考えられる営業仮説・アクションの一覧」を紹介する。

①入金情報

「入金情報」は基本的に、本業に関係する入金とそれ以外の入金に仕分けることができる。本業に関する入金からは、取引が広がる傾向にあるのか、そうでないかを判断することができる。

新たな販売先と思われる先からの入金はないか、定期的な入金の額や件数に変化はないかなどを確認することで、その企業の取引振りをある程度は推測することができる。基本的には運転資金需要を探ったり、ビジネスマッチングといった本業支援につなげたりする糸口となる。

毎月あった大口の入金がなくなっているような場合は注意が必要だ。他行庫での決済に切り替えた可能性も考えられるが、取引そのものが中止となったのであればその企業にとって致命的な事態になっていることも想定される。

普段見かけない企業や個人からの多額の入金についても、注意深く見るようにしたい。第三者割当増資を引き受けた先からの入金かもしれないし、特別な事業の着手金見合いのような入金かもしれない。

②出金情報

出金は、入金に比べて多種多様である。個人で考えても、社会人であれば主な収入は給料であり、それ以外の定期的な入金といえば金融取引もし

図表46　入出金情報を起点とした法人 EBM の例

	イベント	営業仮説・アクション
入金	新たな入金先の発生	新規開拓成功？→増加運転資金提案
	既存得意先からの入金額・件数の増加	本業堅調？→増加運転資提案
	既存得意先からの入金タイミングの変更	取引条件の変更？→要因確認
	主力得意先からの入金額・件数の減少	トラブル発生・業況悪化・倒産確率上昇？→状況確認
	海外からの入金の発生	海外取引開始？→事業展開・業績への影響の確認
	新たな家賃収入と思われる入金の発生	不動産取得？→収益計画確認
	まとまった金額の入金	特需発生？→背景確認 第三者割当増資？→背景確認
	自治体、外郭団体からの入金	補助金受給？→事業計画確認
出金	新たな出金先の発生	新製品開発・新事業展開？→状況確認
	既存仕入先への出金額・件数の増加	本業堅調？→増加運転資金提案
	主力仕入先への出金額・件数の減少	本業不振？→状況確認
	給与振込先の減少	従業員数の減少？→背景確認 他行庫への移管？→状況確認
	代表宛の多額の出金	退職金・事業承継？→背景確認
	就職サイトへの支払額の増加	新卒・中途採用の強化？→計画確認
	旅費交通費の増加	新規拠点開設？→計画確認
	不動産会社への支払いの発生	不動産購入？→計画確認
	生命保険会社への支払額の増加	節税？→背景確認 役員・従業員数の増加？→背景確認
	損害保険会社への支払額の増加	保有設備の増加？→計画確認 海外取引の増加？→計画確認
	広告会社への支払額の増加	新商品・サービスのリリース、販売強化？→計画確認、増加運転資金提案

くは副業くらいに種類は限られる。しかし支払いについては、衣食住に関するもの、趣味や娯楽、子どもへの仕送りなど多種多様である。スポットの収入は少なくても、スポットの支払いは多い。

企業も同じで、出金は実に多様である。1つの商品を提供するにしても製造業であれば複数の仕入先から原材料等を仕入れてモノが作られるし、外注費の支払いもある。販売を委託しているのであれば、代理店への手数料支払いもあるだろう。本業に関する支払いのバリエーションもさることながら、地代家賃や広告宣伝費など、販売管理費に関するものはさらに大小様々となる。

通常とは異なる出金がある場合は企業内でイベントが発生している可能性が高いため、金額や出金先をできるだけ丁寧に読み解いておきたい。

入金よりも出金が多く流動性預金が徐々に減少しているようなら、本業不振か決済口座を他行庫に変えた可能性がある。自行庫がメインバンクを自認している先であれば、早期のアプローチが必要であろう。

2．入出金という事実情報を法人EBMの起点にする

入金も出金も最終的には当該企業から決算書を提出してもらい、各勘定科目の増減という形で確認することができるが、入出金情報のほうがタイムリーであることは言うまでもない。特に商流については、決算書や税務申告書では「期末」という一時点の売掛金や買掛金を確認できるのみで、日常的な動きは入出金情報に頼るしかない。

これも「言わずもがな」だが、中小企業の場合、企業と経営者やオーナーはある程度一体として考えていく必要がある。つまり、企業の口座単体で見るのではなく、経営者やオーナーの口座と併せて見ていくことで、より立体的に当該企業を捉えられるようになる。

また、第1章で触れたとおり入出金情報は「最強の個人情報」である。情報自体はデータの羅列だが、実際に顧客が行動を起こした記録であり、いわば「事実情報」である。金融機関の法人営業担当者が事実情報に基づいて、「○○物産から多額の入金がありましたね。よろしければ経緯を詳

しくお教えください」と問いかけても、顧客から訝しがられることもない。

　一方で、基本的には自行庫に決済口座がある既存取引先の入出金情報しか分からないという弱点もある。純預金先であれば「商号、住所、代表者」程度の情報しかないし、入金先・出金先（振込先）と取引がなければ、入金先・出金先についてはカナ商号と決済金額程度の情報しかなく、そこから意味を導き出すのは至難の業といえる。

■精度の高いEBMには網羅的な情報が大切に

　メガバンクは多くの都道府県に店舗網を有しているが、小規模零細先にまで融資営業を行っているわけではなく、情報の少ない純預金先も多い。営業エリアが限られた地銀や信金・信組であればなおのこと、未進出エリアの企業情報の把握は困難といえる。そして金融機関同士であっても、直接的な顧客情報のやり取りは禁止されている。

　したがって、法人EBMを効果的に実践するためには、入出金情報をはじめとした金融機関内のビッグデータのみならず、外部の企業情報も取り込むことで「網羅性」を高める必要がある。そして入手したデータを分析し、精度を高めていくことが肝要といえる（外部の企業情報の種類や入手方法については第6章で解説）。

　第4章の最後に、これまでに取り上げてきたことも含め、法人EBMの起点となる代表的なイベントと、営業仮説・アクションの一覧を紹介するので、ぜひ参考にしてほしい（次ページ、図表47）。

図表 47　代表的なイベントを起点とした法人 EBM の例

イベント	営業仮説・アクション
商号変更	資本系列の変更？経営方針の変更？→背景確認
住所変更	事業拡張？ブランド力向上？事業縮小？→事業計画確認
代表者変更 役員変更	事業承継完了？経営方針の変更（新代表者の新方針）？部門方針の変更？→状況確認
売上高の増加	既存事業好調？大口・特需の発生？新事業の開始？→状況確認、増加運転資金提案
事業所数の増加	販路拡大？→状況確認、増加運転資金提案
メインバンク変更 取引銀行数の変動	銀行取引方針の変更？競合他行庫の攻勢？→背景確認
組織変更 子会社設立 提携・合弁／合併・再編 被買収	事業計画変更？→状況確認 （経理部門に変更がないかの確認は必須）
不正発覚 事故・事件・トラブル 訴訟・係争 行政処分	管理体制に問題？→事実認識・再発防止策・業績への影響確認 （コンプライアンス違反は「一発退場」の可能性）
周年	記念事業？→祝意を伝え計画を確認
決算期変更	資本系列の変更？経営方針の変更？→背景確認
上場財務基準突破 （株主数や純資産額など）	上場準備？→方針・計画を確認
従業員の増加	業容拡大？→状況確認、増加運転資金提案
業種変更	経営方針の変更？→計画確認
兼業の開始	経営方針の変更？→兼業方針確認
セールスランキング上昇 セールスランキング下降	競争力の高まり？→強さの源泉の掘り下げ 競争力の後退？→対処法の掘り下げ
不良債権の発生	管理体制に問題？→要因確認
特許取得	新商品・サービス開発？→収益計画の確認
リストラ 内紛	業績悪化？→事実認識・影響範囲の確認

第5章

事業承継支援にEBMを活用する

中小企業が直面している
事業承継の実態

1．事業承継支援は金融機関にとっても喫緊の課題

　第5章では、社会問題としても注目され、かつ企業のライフステージにおける最大のイベントといえる「事業承継」の実態に迫り、法人EBMによってどんな支援・アプローチができるかを考えてみたい。

　中小企業庁は、2025年までに経営者が70歳を超える法人の31％、個人事業主の65％が廃業すると仮定すると、それによる雇用喪失は650万人にも上り、22兆円のGDPが喪失されると試算している。事業承継はまさに、社会問題である。

　事業承継は大きく「資産の承継」と「経営の承継」に分類される。「資産の承継」は、株式をはじめ事業用資産や借入金などの承継である。「経営の承継」は、経理理念、人的ネットワーク、技術、ノウハウなど事業を継続するうえで必要な「見えざる資産」の承継である。これらの承継をスムーズに進めていくためには、自社だけでは困難なことが多く、専門家による支援が必要となる。

　中小企業庁では、2017年からの5年間を事業承継支援の集中実施期間と位置付け、以下のような支援体制や施策を抜本的に強化するとした。
- 経営者の「気付き」の提供
- 後継者が継ぎたくなるような環境を整備
- 後継者マッチング支援の強化
- 事業からの退出や事業統合等をしやすい環境の整備
- 経営人材の活用

　金融機関の役割としては、当該企業をよく知る存在として「事業承継の

図表48　事業承継に対する考え方

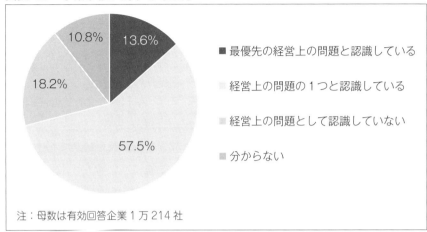

注：母数は有効回答企業1万214社

凡例：
- 最優先の経営上の問題と認識している
- 経営上の問題の1つと認識している
- 経営上の問題として認識していない
- 分からない

13.6%
10.8%
18.2%
57.5%

出典：帝国データバンク「事業承継に関する企業の意識調査（2017年10月）」

必要性を経営者に気付かせ、準備を促す」ことが望ましいとされている。実際、企業の成長支援・地域経済発展のために事業承継の支援に力を入れる金融機関は増加している。

　事業承継については、その直接的な支援を終えた後も、経営者の交代とともにその企業には多くの変化が生じるため、事業承継を支援した金融機関はその後も支援を提供する機会が多くなる。

　一方、営業担当者が担当先の事業承継の兆しに気付けなかった場合は、それがリスクとなり得る。具体的には、次のようなことが挙げられる。

- 他行庫が積極的に事業承継の支援をしたことで、融資を肩代わりされてしまう
- 後継者との間に支援を通じた信頼関係を作れず、疎遠になってしまう
- 結果的に廃業が選択された場合に、預金や融資が減少してしまう
- 廃業や事業承継のタイミングを逸した場合に、倒産してしまう

　当該企業が廃業や倒産に至ってしまった場合、金融機関が取引先を失うだけでなく、サプライチェーンや雇用面を通じて地域全体に悪影響が及ぶことが考えられる。地域の衰退は地域金融機関にとって死活問題であり、事業承継支援は最優先事項ともいえる取組みだ。

■課題として認識しつつも着手している企業は半数以下

　それでは、企業における事業承継の実際の取組みについて見ていくことにしよう。帝国データバンクが2017年10月に実施した「事業承継に関する企業の意識調査」から、企業の取組状況や業績への影響を見てみる。

　まず、事業承継についてどのように考えているかを企業に尋ねたところ、「最優先の経営上の問題と認識している」は13.6％で、「経営上の問題の1つと認識している」と回答した企業が57.5％と半数を超えて最も高い割合となった。また、「経営上の問題として認識していない」は18.2％と2割以下にとどまり、企業の71.1％が事業承継を経営上の問題と認識していることが明らかとなった（図表48）。

　企業の意見を見ると、事業承継に関して様々な困難があるとしながら、商工会議所などが行う勉強会を積極的に活用している様子もうかがえた。また、事業承継を行うタイミングとして、「業績の良いときに済ませておくべきだった」という後悔の声もあった。後継者が見つからない場合は、廃業を選択肢に加えることが避けられない状況となる。

　事業承継を進めるための計画の有無については、「計画はない」が29.1％、次いで、「計画があり、進めている」（22.9％）、「計画はあるが、まだ進めていない」（21.3％）が続いており、「計画がある」とする企業は合計44.2％となった。ただし、この調査は「計画はあるが具体的な行動をとれていない、あるいは計画自体がない」という企業が過半を超えていることも示している。なお、「すでに事業承継を終えている」企業は1割超だった（図表49）。

　また、事業承継に関する計画の有無は、経営上の問題認識と大きく関連している。事業承継を「最優先の経営上の問題と認識している」企業では半数近くが計画を進めている一方、「経営上の問題の1つと認識している」企業では4社に1社へと減少する。また、「経営上の問題として認識していない」企業ではすでに事業承継を終えている企業が26.0％を占める一方、5割超の企業で計画がなく、事業承継に関する何らかの計画がある企業は14.4％にとどまっていた。

図表 49　事業承継に関する計画の有無（経営上の考え方別・社長の年齢別）

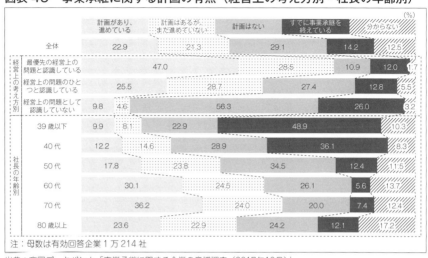

注：母数は有効回答企業 1 万 214 社

出典：帝国データバンク「事業承継に関する企業の意識調査（2017年10月）」

　さらに、事業承継に関する計画の有無を社長の年齢別にみると、「39歳以下」では、すでに事業承継を終えている企業が半数近くに達する一方、事業承継を進めている企業も1割近くある。事業承継に関する計画があるとする企業は、当然ながら社長の年齢が高くなるにつれて増加する傾向にあり、「70代」においては計画があるとする企業が約6割となっているが、計画を進めている企業は36.2％と3社に1社にとどまる。

　しかし、「80歳以上」では、計画を有する企業が46.5％と「70代」より13.7ポイント減少し、計画を進めている企業は23.6％にとどまっているうえ、計画がない企業も24.2％となっている。この24.2％は放置しておけば廃業や倒産に至る可能性がある企業群といえ、ヒアリングやアドバイスを行うことが急務である。

2．事業承継は企業の業績にどんな影響を与えるのか

「すでに事業承継を終えている」と回答した企業1,448社に対して、事業承継が行われた「翌年度」および「5年後」に、自社の業績にどのような

影響があったか尋ねた。

　事業承継を終えた翌年度では、業績に「プラスの影響があった」と回答した企業は26.0％あったのに対し、「影響はなかった」は55.9％と半数を超えた。また、「マイナスの影響があった」とする企業も1割程度みられた（**図表50**）。しかし、事業承継を終えてから5年後では、「プラスの影響があった」企業が30.8％と4.8ポイント上昇した一方、「マイナスの影響があった」（4.9％）が4.4ポイント低下、「影響はなかった」も36.8％と19.1ポイント低下した。

　事業承継と業績には直接的な因果関係はないはずである。ただ、承継がうまくいかなければ、業績が悪化するリスクは避けられない。業績が上向いている企業は、前経営者から後継者へ「経営の承継」が丁寧に行われたと推測される。金融機関の法人営業担当者は、円滑な事業承継を支援することが、その企業の業績向上を支援することになり、自行庫のビジネスチャンスにもつながることを理解しておきたい。

「経営の継承」においては企業の意見として、「過去と現在では事業環境が異なるので、同じことをやっても成功確率は異なる」といった声もあった。後継者に引き継ぐ経営者は過去の成功体験にこだわりがちで、事業承継の段階でこうした点もうまく整理しておかないと、後継者に引き継いだ後もあれこれと口を出し、業績向上の妨げになるケースも出てくる。「経営の承継」では、こうした心理的な整理が必要であり、当事者や当事者同士でうまく整理ができていなければ、第三者の助言が必要とされる場面も出てくるであろう。

■現代表と後継者の意識のすり合わせがカギに

　事業承継を円滑に行うためにどのようなことが必要かを複数回答可で尋ねたところ、「現代表（社長）と後継候補者との意識の共有」が60.4％と最も高かった（**図表51**）。以下、「早期・計画的な事業承継の準備」「経営状況・課題を正しく認識」「早めに後継者を決定」が4割台で続いた。さらに、「今後の経営ビジョンを持つこと」「他の役員・従業員・株主の協力」「事業の将来性、魅力の維持」が3割を超えた。

図表50　事業承継実施後の自社業績への影響

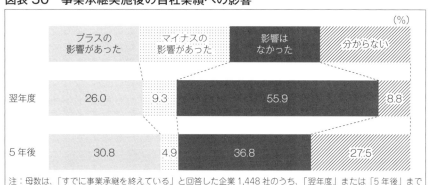

注：母数は、「すでに事業承継を終えている」と回答した企業 1,448 社のうち、「翌年度」または「5 年後」まで経過していない企業および不回答を除く。「翌年度」は 1,272 社、「5 年後」は 895 社

図表51　円滑な事業承継に必要なこと（複数回答、上位 10 項目）　　　　（%）

1	現代表（社長）と後継候補者との意識の共有	60.4
2	早期・計画的な事業承継の準備	46.3
3	経営状況・課題を正しく認識	45.7
4	早めに後継者を決定	42.7
5	今後の経営ビジョンを持つこと	35.0
6	他の役員・従業員・株主の協力	34.3
7	事業の将来性、魅力の維持	32.8
8	社内での業務経験	29.1
9	取引先や金融機関の理解・協力	26.8
10	承継後の経営は後継者に任せる	26.4

注：母数は有効回答企業 1 万 214 社
出典：図表 50・51 ともに帝国データバンク「事業承継に関する企業の意識調査（2017年10月）」

　調査の結果からも、円滑な事業承継には、現代表と後継者の意識のすり合わせや計画的な準備、正しい現状認識などが大切であることが裏付けられる。事業承継という大きな経営課題に際して、図表51にあるようなことに真摯に取り組んだ企業が、事業承継を業績向上につなげているのだろう。

　金融機関は、自行庫をメインバンクとしてくれる顧客に対して、他の支

援者に比べて早期からヒアリングできるチャンスがある。「資産の承継」の話から始まるケースが多いだろうが、そこから「経営の承継」へと話を広げることができれば、経営者の信頼を得た証となろう。いずれにせよ、企業を理解し、信頼関係を築いていくことが重要である。

2 法人EBMによる事業承継支援の進め方

1．事業承継に着手しているシグナルを察知する

「事業承継」は、よくリレー競技のバトンパスに例えられる。リレーにおけるテイクオーバーゾーン（バトンパスを行える区間）はわずか30メートルの長さしかなく、選手や観戦者からすると「あっという間の出来事」である。

　大企業なら、後継者がある日突然経営者に呼ばれて「次は君に頼むぞ」と言われ、"あっという間"にバトンを受け取ることもあるだろう。「所有と経営の分離」ができている大企業では、交代の実務にも組織的に対応できるため、現代表と後継者間の引き継ぎの程度が、直接組織に与える影響は小さい。しかし中小企業ではそう簡単にはいかない。

　中小企業では、「経営者＝会社そのもの」といえるほど一体な関係であり、それを丸々引き継ぐ、もしくは新たに分離する作業をしたうえで引き継ぎを行うわけだから、相当な労苦が伴うことになる。実際、2016年に公開された中小企業庁の事業承継ガイドラインの巻末にある「事業承継計画（様式）」は、10年という"長期スパン"で作成・記載することになっている。

「息子に継いでもらいたいが、息子がどう考えているか分からず切り出せない…」「自分が一代で築いた事業を、まだ体が動く元気なうちから引き継ぐなんて考えられない…」といった悩みを抱える経営者も多く、事業承継は非常にセンシティブなテーマでもある。従業員の雇用や仕入先・得意先にも直結する問題なだけに、たとえ懇意にしている企業であっても、「事業承継についてどのようにお考えですか？」「後継者は誰ですか？」な

どと安易に切り出せるテーマではない。

　そうした背景を理解したうえで、法人EBMは実務的な観点でどこまで事業承継という極めて重要なイベントに気付き、法人営業担当者の力になれるかを見ていこう。

■役職の推移を追うことで後継者候補を推測する

　事業承継は、子どもをはじめとした身内に引き継ぐパターン（親族内承継）、従業員に引き継ぐパターン（親族外承継）、そして第三者に事業を引き渡すパターン（M＆A等）に分かれる。ここでは、親族内承継を例に、どんなシグナルがあれば「現代表が事業承継の意思を固め、すでに引き継ぎに着手している」ことを読み取れるかを考えてみよう。

①役員の変更

　事業承継のシグナルとして最も基本的なのは「役員の変更」であろう。事業承継をするということは、遅かれ早かれ「代表者が変わる」ことを意味するからだ。

　ただ、現代表が即引退できるケースは稀で、大抵は先代となる代表取締役社長が代表権のない取締役会長に就き、新たに就任した代表取締役社長と顧客への挨拶回りを続けながら、徐々に身を引いていくことになる。ここまで来ていれば事業承継はほぼ終えているわけだが、役員の変化には「代表者交代の手前段階の予兆」も表れる。

　身内を含め社内から後継者を登用する場合、その後継者は「まず部長などの役職登用→そして取締役選任→専務取締役や取締役副社長への昇進→さらに社長就任とともに代表権を付与」といったステップを踏む。役員でもなかった人物がいきなり代表取締役社長に就任するのは、社外からヘッドハンティングした社長を迎えるときや、親会社からの派遣を仰ぐときに限定されるため、日頃から役員の変化・昇進の状況を把握しておこう。

　日頃から情報を把握できていればよいが、そうでない場合も商業登記で役員の変化を追っておきたい。

②株主の変更

「株主が変わった」という情報も、直接的な事業承継のシグナルとなる。

定期的な与信見直し時に当該企業の税務申告書類の写しを入手することがあると思うが、その際には「同族会社の判定に関する明細書（別表二）」を必ず確認しておきたい。

　経営者が自社株の持分を子息等に移していることが分かれば、「持分が変わっていますが、もしかして事業承継の準備を始めたのでしょうか？」などと直接的にヒアリングしても構わないだろう。

「株主総数」も重要な情報になる。「利害関係者を極力減らしておきたい」と考えるのは典型的な事業承継準備の1つなので、株主総数が減少していれば、その兆候と考えてよいだろう。株主総数の情報は民間の企業情報データベースで入手できる。

「黄金株」が発行されていれば、ますますその確度は高まる。黄金株とは、様々な議案に対して拒否権がある株式の通称で、正式には「拒否権付の種類株式」を指す。これが1株であった場合に黄金株というのだが、重要な決議事項について「拒否権付種類株式所有者を構成員とする種類株主総会の承認が必要」と定款に定めておくことで、役員の選任や合併といった重要な決議事項について拒否権を発動できる。

　事業承継の文脈では、「親族もしくは第三者に事業を承継したものの、大きな経営判断において誤った選択をしないかを前代表が監視し、運営がスムーズにいくかを見定めたい」といったケースで発行されることが多い。つまり、実権者がいることを対外的に知らせることになる。

　この黄金株は、「引き継ぐ側」「引き継がせる側」「第三者」と立場によって見方が分かれる。上記の文脈で発行されたのであれば、前代表が拒否権を持ってしばらくは経営判断に影響を与え、新代表の下で事業や経営が軌道に乗った段階で消滅することが好ましい。なぜならば、事業が引き継がれ、軌道に乗った後まで前代表が経営に口を出すことは、ともすれば「老害」と見られてしまうほか、社内の活力を削ぐことにもつながりかねないからだ。なお、種類株式の発行は商業登記から確認できる。

■社有不動産の所有者や退職金の支払い等にも着目

③不動産保有者の変化

「資産継承の進捗」から分かることもある。現代表が所有する不動産のうち、全部もしくは一部を子息などに売却し、名義変更しているケースは生前贈与が考えられる。

社有の不動産を代表一族に売却するケースもある。実際にあったケースで説明しよう。兄が代表取締役会長、弟が代表取締役社長を務める会社で、当初は会長の子息が後継者となり会社を継ぐ予定であったが、親族内のトラブルがあり、兄弟2つの家族で1つの事業を継続するのが困難となった。このため取締役であった社長の子息が後継者となり、本店の社有不動産を会長に退職金見合いで売却し、会長家族は経営から身を引く形になったというケースだ。

個人所有の不動産は把握が難しいが、本店などの事業用資産の所有権だけでも、不動産登記で持分の変化を見落とさないようにしたい。

④決算書の変化

また、決算書からも分かることがある。毎期数百万円程度の最終利益が出ていた企業が、突然数千万円単位の赤字になったような場合だ。

当然ながら赤字になった理由を聞くことになるが、その際「役員退職金を支払ったんだが、長年の功労者なので退職金を弾んだんだよ」と答えられることがあるだろう。それ自体はおかしくないが、そのままスルーするのではなく、少し深掘りをしてみたい。後継者への株式移転にあたり、贈与税の計算上で有利になるよう、1株あたりの株価を下げるために大幅赤字にしているかもしれないのだ。

実際、先ほどの本店不動産を退職金見合いで会長に売却したケースでは、売却損を計上するなどして年商1億数千万円の会社が5,000万円ほどの最終赤字を計上していた。

⑤入出金情報

さらに、金融機関ならではの情報として「入出金情報」から分かることもある。事業承継に関するお金の出入りは通常とは異なることが多い。相

図表 52　親族内承継に着手しているシグナルの例

着眼点	具体的なシグナル
役員の変更	・現代表と同姓の人物が「部長→取締役→専務取締役や取締役副社長」のように昇進している
株主の変更	・経営者が自社株の持分を息子などに移している ・株主総数が減少している ・拒否権付種類株式が発行されている
不動産所有者の変化	・社有不動産の名義が変わっている
決算書の変化	・多額の役員退職金の支払いがあり、大幅欠損計上
入出金情報	・相続コンサルやM&Aの仲介会社への支払いがある

続・贈与税に関する相続専門のコンサルタント会社、M＆A仲介会社への支払いといった分かりやすいものもあれば、前述のような不動産取引に伴う個人・企業間の入出金などの金額の大きさから分かることもある。

これまで見てきたような変化があった場合は、高い確率で事業承継に着手していると考えられる。そこにはすでに税理士や経営コンサルタント、ライバル行庫といった相応の指南役がいると想定されるため、知らなかったのであれば巻き返すのは相当困難といえそうだ。

2．法人EBMで潜在的な事業承継を検知する

では、事業承継の必要性を感じながらも、まだ実行には移していないという企業を炙り出せるのだろうか。「どういう企業の経営者が事業承継を意識し始めるのか」という観点で探ってみよう。

帝国データバンクには「休廃業予測値QP」（以下、QPモデル）という特許出願中のサービスがある。実際に休廃業した企業群のデータを活用して、存続している企業がどれくらいの確率で休廃業する可能性があるのかを個社単位でスコアにして表す予測サービスである。

ちなみに、「廃業」と「倒産」は意味合いがまったく異なる。倒産ではビジネスモデルが破綻し、収益を上げることができず、解散価値として負

債が資産を上回って関係者に損失を与えるが、廃業は事業を停止しても資産が負債を上回り清算が可能で、然るべき後継者や第三者がいれば事業が継続できたケースである。

この廃業する可能性が高い先に対して、いち早く気付くことができれば、事業承継に関する支援につながるのである。

調査実務上のノウハウに加え、QPモデルを構築するうえで得られた知見と説明変数（廃業の原因となっている要素）の一部を織り交ぜながら、事業承継のニーズとその予兆について紹介していこう。

■経営者が60歳以上なら潜在的な事業承継ニーズあり

①経営者の年齢

最も分かりやすいのは、「経営者の年齢」である。2019年1月に帝国データバンクが発表した「全国社長年齢分析（2019年）」では、社長の平均年齢は59.7歳と過去最高を更新した。年商規模が小さくなればなるほど70代や80歳以上の社長の割合が高いという結果となった（図表53）。これに対して健康寿命は、男性72.14歳、女性74.79歳という調査がある（厚生労働省「第11回健康日本21（第二次）推進専門委員会資料」平成30年3月）。

事業承継にかかる年数は、後継者の育成も含めればバトンタッチ前後で5〜10年かかるともいわれているため、60歳を過ぎたら経営者にとって後継者問題は待ったなしの問題になるといえる。よって、経営者が60歳を超えている企業は事業承継支援の対象になる。

②後継者の有無

次に、「後継者の有無」は重要な要素だ。「誰に」「どのように」引き継ぐかという事業承継問題について、「誰に」という前提部分が片付いているのであれば、事業承継問題の半分は終わっているようなものだ。その「誰に」をつかむためには、前述のとおり商業登記が役に立つ。

子息や娘婿が取締役に就任しているようであれば、後継者含みであることが分かる。商業登記上で役員を確認しても子息らしき同姓の役員がいないようであれば、親族内の事業承継が早々に発生することはないと見立て

図表 53　年商規模別・社長の年代構成比

年商	平均年齢（歳）	年代構成比（%）						
		30 歳未満	30 代	40 代	50 代	60 代	70 代	80 歳以上
1 億円未満	60.8	0.2	3.8	16.5	23.7	29.7	21.0	5.1
1 億円以上 10 億円未満	58.7	0.1	4.0	20.6	27.6	28.1	16.6	3.0
10 億円以上 100 億円未満	58.5	0.1	3.4	18.9	29.6	32.1	13.8	2.1
100 億円以上 500 億円未満	59.7	0.1	1.7	12.4	30.6	42.6	11.1	1.5
500 億円以上	60.2	0.0	1.1	7.8	29.8	54.0	6.6	0.6
全体	59.7	0.2	3.8	18.3	25.9	29.4	18.5	3.9

出典：帝国データバンク「全国社長年齢分析（2019 年）」

　ることができる。子息の有無や現況については、後継者問題として改めて聞かなくてもよいように、日頃から世間話の中で把握しておきたいところである。

　取締役として親族が見当たらなくても、税務申告書の同族判定のところに子息の名前が株主として記載されているようであれば、後継者問題が潜在している可能性が高まる。この場合は、「いずれは後継者と考えているが（若すぎるなどの理由で）まだ早い」という背景が多いと想定されるが、一方で「子息が拒否をしている・もしくは拒否しそう」というケースも考えられる。

　帝国データバンクには個別企業ごとに後継者の有無をヒアリングしている貴重なデータがある。「後継者いる」「後継者いない」「未定」という選択肢で聞いているが、この項目は他のいくつかの項目とともにモデルの変数として選択され、これを統計モデル上で検証したところ、「後継者いない」と廃業は相関関係にあることが改めて分かった。

　別の切り口になるが、創業社長は事業承継に関して、「誰に相談していいか分からない」という悩みを抱えやすい。「税理士に聞いたり、各都道府県にある事業引継ぎ支援センターの窓口に行けばいいのではないか」と思うかもしれないが、「誰かに聞かれたり、見られたりしたらどうしよう」といった思いから、なかなか行動に移せないというのは調査実務の中でも

よく聞く話だ。

　２代目以降の経営者は自分が事業を引き継いだ経験を持っているため、事業承継において何が大変で何がスムーズにいったかを、身をもって経験している。それに対して創業社長は事業を引き継いだ経験がなく、この経験の有無が行動に差を生んでいる。こうした社長の属性については、帝国データバンクでは経歴情報とともに「就任経緯」というマーキング情報で網羅的に保有している（P109、図表30参照）。

■業績の停滞を機に事業譲渡を考えることも

③業績の停滞

　次は事業に目を移そう。一定の内部留保がありながらも、足元の利益が伸び悩んで一進一退のような業績のとき、経営者はいろいろなことを考えているものだ。

　経営者がまだ若ければ、新規事業やフランチャイジーに加盟するといった副業を開始して打開策とするケースもあるが、そのような取組みが何年も見られず業績も停滞したままであれば、Ｍ＆Ａを含む事業承継を考えている可能性があるだろう。特に過去の利益蓄積で内部留保を相応に抱えながら、近況として連続赤字になっているような状況では、経営者は一部事業譲渡など様々な選択肢を考えていると想定される。

　なお事業承継では、経営者とその支援者との間にギャップが生まれやすいことを意識しておく必要がある。事業承継を支援する側は、「ビジネスモデルそのものの承継」をベースに話を進めがちであるが、経営者は「保有する自社株式の処分をはじめとする相続関係」に比重を置いて手続きを考える傾向がある。

　事業承継のサポートにおいては、こうしたギャップを意識しておかないと話がうまく進まずに終わることがある。また、事業そのものについても、経営者は外部の支援者には分からない数多くの労苦を積み重ねてきており、こうした点を軽々に扱い「早めに引き継ぎましょう」などと言ってしまうと、経営者のほうに心理的な壁ができてしまい、やはり話が進まなくなる。

　法人EBMで事業承継を考え始めている企業が分かったとしても、機械的なアプローチは厳禁である。もとより機械的に進められることなら、ネット上でも進められるはずである。事業承継のようなナーバスなテーマこそ、ソフト面のラストワンマイルを埋める法人営業担当者の出番である。「事業承継問題は、あなただけが抱える問題ではありません」ということを丁寧に伝えつつ、経営者の心に寄り添う自分なりの言葉や姿勢でアプローチすることを心がけたい。

………………………… **法人EBM実践時のアプローチトーク例** …………………………
「事業承継は社会問題ですよね。力のある中小企業ほど、経営者以上に従業員が行く末について不安になっているケースもあると聞きます。社長のお考えはいかがでしょうか」
「息子さんに不動産をお譲りになられたのですね。経緯を詳しくお聞かせいただけないでしょうか。経営に関する提案が何かできるかもしれません。事業承継サポートチームをお連れしますよ」
………………………………………………………………………………………………

第6章

情報の入手方法をマスターする

情報ソース別に見るEBMの着眼点
①ホームページ

1．事業内容の理解を助けてくれる手軽なソース

　企業の情報に接する機会は様々である。事前に訪問先のホームページを見ることもあれば、商業登記や不動産登記といった公簿で初めて情報に接することもある。こうして目にする情報は、同じ情報であっても「意味」が異なることもあれば、「時点」が異なるケースもある。それぞれの情報が持つ意味を正しく理解し、使い分けていくことが重要である。

　この章では、企業情報の入手先（情報ソース）別に、ワンランク上の情報の読み解き方を取り上げる。また、法人EBMを効率的に実践していくうえでは、企業データをシステムに実装することが望ましいため、データをシステムに取り込むうえでの扱い方についても説明する。情報ソースを増やすとともに、日頃見慣れている情報からより多くの意味を取り出せるようになってほしい。

■新商品のリリーススパンや採用情報から企業の動向を推測

　まず取り上げる情報ソースは、企業のホームページだ。

　今や多くの企業が自社のホームページを開設している。アプローチ予定の企業のホームページからは数多くの情報を参照できる。

　ホームページは主に自社の宣伝を目的に立ち上げているが、どのサイトでも「商品・サービス」「企業概要」「お知らせ」「お問い合わせ」くらいのページはある。加えて「企業理念」「代表者のメッセージ」「納入事例・実績」「自社のこだわり」「採用情報」といったページを見かけることも多い。「どういった商品・サービスを扱っているのか」を画像や動画で見ら

図表54　ホームページの主な着眼点

商品・サービス	取り扱っている商品・サービスを画像や動画で確認できることも
企業概要	沿革を掲載している企業も多い。事前に確認しておくと話題にしやすい
お知らせ	新商品のリリース情報から今後の戦略が見えてくることもあるし、リリーススパンも分かる
企業理念 代表者のメッセージ	企業がどんなことを大切にしているのかが分かるので、経営者との面談前には必ず確認を
採用情報	募集している職種や地域からどんなことに力を入れようとしているのか探れることも

れることもホームページの利点であり、事業内容の理解を助けてくれる。「お知らせ」の中に商品のリリース情報があれば、最近どのようなことに力を入れているかが分かるし、「お知らせ」の数や期間から、どれくらいのスパンで新商品がリリースされているのか、さらにそのホームページがどの程度更新されているのかも分かる。

「企業理念」や「代表者のメッセージ」からは、その企業が何を大切にしているのかが分かるため、経営者と初めて面談する前には必ず確認しておきたい。「採用情報」では現在従業員を募集しているのか、しているのであればどのような職種・地域で募集しているのかを把握したうえで、「現在営業職を募集していますね、どの分野に力を入れていくのでしょうか」「技術職を募集されていますね、新しい製品を開発する予定なのでしょうか」といった話を自然に切り出すことができる。

■本業支援の一環としてスマホサイトの充実をサポート

また、ホームページはその内容だけではなく、「作り」にも注目をしたい。いかにも体裁だけを整えた「作りました」というだけのサイトであれば、そもそも新規開拓に積極的ではないという仮説が立てられるし、サイトの制作に手が回っていないとの想定も成り立つ。

「作り」を確認するうえでは、パソコン上のブラウザとスマートフォンの

両方で確認することをお勧めしたい。例えば、もともと店舗での小売りを主力にしていた企業が通信販売を開始したような場合、ホームページ上の通販のページが弱々しいケースがある。

日用品や雑貨などスマートフォンからの購入も多いと想定される商品・サービスを扱っているのであれば、本業支援の一環で「通販ページをスマートフォン用に作り直しませんか。よろしければ腕の良いホームページ制作会社をご紹介しますよ」と切り出すこともできよう。

2．企業の都合で作られていると心得て情報収集を

ホームページは「検索エンジン」経由で簡単にアクセスでき、無料で多くの情報を取得できるため、使わない手はない。しかしながら利用する側から見て、ホームページには弱点もある。まず、ホームページの更新は企業側に委ねられているため、更新は不定期である。掲載されている情報が古くても、使う側が文句を言う筋合いのものではない。

次に、掲載されている情報は基本的に「当該企業が発信したいポジティブな情報のみ」である、ということだ。上場企業の場合は、投資家保護の観点等から「リコール」や「従業員の不祥事」といったネガティブな情報も掲載していることが多いが、中小企業の場合はそうしたネガティブ情報を掲載していることはほぼない。

そして掲載されている情報も、粉飾とまではいわないが「虚飾されている」、つまり「盛っている」ことが往々にしてある。第4章の7「メインバンク変更」でも触れたが、自社の信用に箔をつけるために、与信取引をしている金融機関の名前を伏せ、入金専用の普通預金口座しかないメガバンク名を取引銀行として掲載しているようなことがある。

得意先（販売先）についても同様で、取引金額が少ないにも関わらず大手企業を目立つように掲載したり、事例紹介として掲載したりしているケースは珍しくない。ひどい場合は仕入先を得意先に混ぜて掲載していることもある。これは、「iPhoneを購入しただけでAppleが取引先になる」ということを意味する。ホームページは当該企業に都合の良い情報しか

載っていないものだ——と心得て情報を収集しよう。

■ホームページを見れば分かるようなことを質問するのはNG

　法人EBM実践の観点では、法人営業担当者が顧客のホームページに掲載された情報の変化を逐一確認するのは現実的ではない。「Webクローリング」という、機械が自動的に情報を収集する技術もあるが、ホームページの「型」が各社各様のため、欲しい情報を一斉に収集できるわけでもない。よって、ホームページのチェックを自行庫内で「仕組み化」するのは困難といえる。専門的なサービスを利用しないのであれば、訪問前に各自が確実にチェックすることが現実的であろう。

　訪問される側の企業は、法人営業担当者がホームページを見れば分かるようなことを質問すれば、口には出さなくとも「本気で当社に何かを提案したいんだったら、それくらい確認してから訪問してくれよ…」と思うものだ。

　ホームページも見ずに新規の訪問を行うのは、成果を期待できないばかりか、マイナスの印象を相手に植えつける危険な行為といえる。既存先で何度も訪問するうちに確認を怠ってしまうのもホームページである。しっかりと定期的にチェックしたい。

1．身近な情報ソースとして見方を徹底マスターしよう

　金融機関では、法人による口座開設の際に必ず商業登記を確認するほか、融資稟議の際にも「商業登記の確認」をチェック項目の1つにしていることが多い。企業に直接徴求したり、自行庫で取得したりと、取得の手段は融資先とのパワーバランスによって異なるが、商業登記は金融機関にとってとてもなじみのある情報ソースといえる。

　法人営業担当者が自身で入手するケースは少ないとは思うが、商業登記は一般社団法人民事法務協会の登記情報提供サービス（https://www1.touki.or.jp/）を使えば、1社につき334円で入手することができる。こうしたサービスが登場する前は法務局に出向いて個別に申請するのが一般的で、今も閉鎖簿等の特殊なものは法務局で入手することになる。

　金融機関においては、融資の際に「知り得ている情報に相違がないか」という観点で商業登記をチェックすることが基本となる。主な記載事項は「商号」「本店及び支店の所在場所」「目的」「資本金の額」「発行可能株式総数」などで（図表55）、これらの記載事項は会社法911条3項で定められている。

　アンダーラインが引かれている事項は抹消事項であることを意味し、現在は有効ではない情報である。商業登記の基本的な見方については、行政書士の先生が多くの書籍を出しているのでそちらに譲ることにして、ここでは「信用調査会社流」の見方を紹介していこう。

図表 55　商業登記（履歴全部事項証明書）のサンプル

履歴事項全部証明書

東京都港区虎ノ門四丁目 1 番 14 号
メディカル・エンジニアリング株式会社
会社法人番号　0104-01-00562×

商　　号	メディカル・エンジニアリング株式会社	
本　　店	東京都港区六本木三丁目 14 番 6 号	
	東京都港区虎ノ門四丁目 1 番 14 号	昭和 60 年 2 月 19 日移転
公告をする方法	官報に掲載してする	
会社成立の年月日	昭和 53 年 7 月 15 日	
目　　的	1．電気機器及びその部品、原材料の輸出入並びに国内販売 2．玩具の輸出入並びに国内販売 3．鉄鋼製品、建材資材の輸出入並びに国内販売 4．医療機器、医療材料の輸出入並びに国内販売 5．前各号に附帯する一切の事業	
発行可能株式総数	2 万 4000 株	
発行済株式の総数 並びに種類及び数	発行済株式の総数 　　2 万株	
株券を発行する旨の定め	当会社の株式については、株券を発行する <div align="right">平成 17 年法律第 87 号 第 136 条の規定により 平成 18 年 5 月 1 日登記</div>	
資本金の額	金 1000 万円	
株式の譲渡制限に関する規定	当会社の株式を譲渡するには、取締役会の承認を受けなければならない	
役員に関する事項	取締役　　　　外　松　勝　司	平成 28 年 5 月 25 日重任
		平成 28 年 6 月 24 日登記
	取締役　　　　外　松　勝　司	平成 30 年 5 月 21 日重任
		平成 30 年 6 月 19 日登記
取締役会設置会社に関する事項	取締役会設置会社	平成 17 年法律第 87 号 第 136 条の規定により 平成 18 年 5 月 1 日登記
監査役設置会社に関する事項	監査役設置会社	平成 17 年法律第 87 号 第 136 条の規定により 平成 18 年 5 月 1 日登記
登記記録に関する事項	平成元年法務省令第 15 号附則第 3 項の規定により <div align="right">平成 9 年 9 月 4 日移記</div>	

＊　下線のあるものは抹消事項であることを示す。

※本項で紹介する商業登記のサンプルは架空企業のものであり、実在する企業・団体・個人とは一切関係ありません。

2. 情報の宝庫である「役員に関する事項」に着目する

①役員の改選時期（決算月の推測）

「決算期」は、節税関連の提案ではとても有用な情報であるが、商業登記の記載事項ではない。しかし、商業登記の情報から決算期を推測する方法もある。それは「役員の改選時期」に着目する方法だ。

　図表56の枠線内、「重任」の月日に注目してほしい。役員任期は、譲渡制限会社に限り、定款変更を条件に最大10年まで認められているが、旧来どおり2年周期で役員を改選しているケースも多い。

　また、中小企業の場合、税務申告は決算から2カ月後が期限となっている。決算から申告までのおおまかな流れは、「税理士などが決算集計→株主総会（役員改選等）→申告」となる。株主総会と申告はさして差のないタイミングで行われるため、図表56のように役員の「重任」や「退任」が毎回5月の場合、決算は3月であることが大半である。

　決算日については第3章でも触れたように、「月末日」にしなければならないとの決まりはなく、企業によっては20日というところもあるが、そうしたケースは稀である。よって、概ね上記の推測が当てはまると考えてよい。

　新規開拓中の先で初めて業績の話をしたり決算書をもらおうとしたりする際、「決算月はひょっとして3月ですか？　役員改選の2カ月前がだいたい決算月になっているんですよ」などと言ってみると、「実務経験が豊富な人なのかも…」と相手に一目置かれ、決算書の入手率も高まるかもしれない。

②役員が辞めた理由

　役員情報からは、決算月以外にも多くのことが読み取れる。代表的なのが役員登記の「種類」だ。例えば、初めて役員になるときは「就任」、継続して役員に就く場合は「重任」となるが、役員を辞めるときにはその経緯により「退任」「辞任」「解任」「死亡」の4種類の登記がある。重任以外のすべての登記が重要な「変化」であり、そこにはイベントが潜んでい

図表 56　「役員」を抜粋した商業登記のサンプル

履歴事項全部証明書

東京都港区虎ノ門四丁目1番14号
メディカル・エンジニアリング株式会社
会社法人番号　0104-01-00562×

商　号	メディカル・エンジニアリング株式会社	
本　店	東京都港区虎ノ門四丁目1番14号	昭和60年2月19日移転

役員に関する事項	取締役　　外 松 勝 司	平成28年5月25日重任 平成28年6月24日登記
	取締役　　外 松 勝 司	平成30年5月21日重任 平成30年6月19日登記
	取締役　　田 島 憲 生	平成28年5月25日重任 平成28年6月24日登記
	取締役　　田 島 憲 生	平成30年5月21日辞任 平成30年6月19日登記
	取締役　　外 松 伸 章	平成28年5月25日重任 平成30年6月24日登記
	取締役　　外 松 伸 章	平成28年5月21日重任 平成30年6月19日登記
	神奈川県横浜市港北区日吉一丁目2番10号 代表取締役　外 松 勝 司	平成28年5月25日重任 平成28年6月24日登記
	神奈川県横浜市港北区日吉一丁目2番10号 代表取締役　外 松 勝 司	平成30年5月21日重任 平成30年6月19日登記
	監査役　　外 松 政 子	平成28年5月25日重任 平成28年6月24日登記
	監査役　　外 松 政 子	平成30年5月21日重任 平成30年6月19日登記
取締役会設置会社 に関する事項	取締役会設置会社	平成17年法律第87号 第136条の規定により 平成18年5月1日登記
監査役設置会社に 関する事項	監査役設置会社	平成17年法律第87号 第136条の規定により 平成18年5月1日登記
登記記録に関する 事項	平成元年法務省令第15号附則第3項の規定により	平成9年9月4日移記

＊　下線のあるものは抹消事項であることを示す。

る可能性が高い。

　役員任期の満了をもって辞める場合は「退任」であり、満了を待たずに辞める場合が「辞任」である。「解任」は株主総会の決議により役職を解

かれたことを意味し、株主と当該取締役との間に不和が生じたことを意味する。独立系の中小企業では取締役が株主でもあるケースが多く、解任登記は内紛の可能性を示していると見るのが企業調査のセオリーだ。

　しかしながら商業登記上、「解任」の出現率はさほど高くはない。これは、内紛の表面化を恐れて「辞任」にしているケースが圧倒的に多いためである。にもかかわらず「解任」としている場合は、よほど大きな内紛、もしくは混乱が起きているケースと見ることができる。
「経営方針が合わない」と企業を去った取締役とその後、音信不通に陥り、本人の辞表すら受け取れず仕方なしに解任せざるを得なかった——といったケースも実在する。「解任登記がされていてビックリしましたが、何かあったのでしょうか？」と単刀直入に聞けば、納得する理由が聞けるケースもあるだろう。

■期中に辞任した役員がいればその背景を確認

　図表56に例示した商業登記は架空企業のものだが、前述したように役員の改選時期から、この企業の決算期は３月と推察できる。よって、取締役の田島憲生氏がこの企業の「期初」に辞任しているとの想定もできる。

　この田島氏の担当業務は商業登記では分からないが、同氏だけ他の役員と姓が異なることから、「外部招聘の取締役」、もしくは「実務を担ってきた社員が内部昇格した取締役」である可能性がある。

　外部招聘の場合、零細企業では設立時から代表者の知人を非常勤の役員として登記しているケースも多く、この場合は辞任の影響は少ない。しかし、内部昇格で役員になった人物が辞任している場合は、業務上の要職を担ってきた人材の流失を意味するケースがあり、何らかのトラブルが発生した可能性も否めない。これから取引しようとする企業については、商業登記からこうしたシグナルを押さえておきたいところである。

　役員の「辞任」登記があった場合は、これまでの提出資料や当該企業のホームページから、その役員が常勤なのか・非常勤なのか、常勤の場合は担当業務が何だったのかを必ず確認したい。

　経理部門を担当する取締役の期中辞任には、特に留意が必要である。経

理部長の期中辞任は、企業の大小を問わず「資金ショートが予想されることを悲観した辞任」のケースがあるからだ。

営業部門の取締役であれば、直接的な営業力の低下のみならず、当人が「部下を引き連れて独立する」といった内紛が起きているケースも珍しくない。営業担当の取締役は、特に卸売業においてその企業の販売力を大きく左右するため、後任の取締役がいる場合も、その就任経緯（有力者を外部から招聘したのか、次善の策として仕方なく内部から昇格させたのか）や、営業方針の変化を確認しておきたいところだ。

トーク例としては、営業担当の取締役の辞任であれば「部下を引き連れて独立したのかもしれない」、経理担当の取締役の辞任であれば「資金繰りを悲観して辞めたのかもしれない」との仮説を立てつつ、「○○取締役が辞任されましたが、ご家族の事情か何かでしょうか？」と、少し婉曲なアプローチをしながら核心に迫っていきたい。

少し想像してほしいのだが、あなたが勤める会社で営業担当の役員が期中に辞任したとなれば、ちょっとした混乱が起きるのではないだろうか。組織が小さく未熟な中小企業であれば、なおさらそのインパクトは計り知れない。日々の実務に流されていると、書類上の変化に対して逐一こうした想像力を働かすことを停止しがちだが、商業登記を見る際には「期中の辞任」がないかをチェックし、その要因を探ることを実践していただきたい。

■事業承継問題に直結する死亡の登記にも着目を

また、「死亡」登記の頻度も決して高くはないが、任期中の死亡は「急逝」を意味することが多い。特に代表権を有する取締役が急逝した場合、「病気療養などの期間があって、事業承継の準備ができていたのか」「後任は誰なのか」を念入りに確認する必要がある。

中小企業の事業承継が社会問題となっている昨今、代表者の急逝が倒産や廃業の引き金になるケースも増えている。代表者本人はもちろん、平の取締役であっても「実は後継者として考えていたのに…」といったことがあり得る。「辞任」「解任」とともに、「死亡」の登記も見過ごしてはなら

ないシグナルといえよう。

　なお、法務省の登記統計によれば2018年の1年間で役員等に関する変更は58万6,771回申請されており、全申請の47.8％を占め、最多となっている（重任登記も含まれる）。

3．事業の「目的」には新規ビジネスが隠れている？

　次に、事業の「目的」に着目して営業アプローチにつながる見方を紹介しよう。商業登記上には事業の「目的」欄があるが、ここに記載された事業のすべてについて企業が実際に事業を営んでいるケースは稀である。今後の事業展開の可能性を含めて記載しているというケースが大半で、「実際にはまだ行っていない」、あるいは「着手したがまだ収益が上がっていない」といった事業も包含している。

　目的欄の末尾は、必ず「前各号に附帯する一切の事業」といった表現で締められるが、目的が変更されている場合は注意が必要である。事業の目的欄を追加・変更する場合は会社定款の変更も必要となる。そして会社定款の変更のためには株主総会の決議が必要となる。

　図表57のように事業の目的を変更したケースであれば、法人EBMの実践上、変更の背景についてヒアリングしてみたい。変更登記から日が浅い場合、その事業は「まだ構想の段階」か、「事業に着手したばかりで売上計上されていない」といったことが多い。例外として「他企業の吸収合併によって事業目的が変更となる」ケースもあるが、その場合は商業登記に合併の記載があるため、識別できる。

「商業登記の事業目的を変更されましたね。新しく追加された『コンピューターシステムの運用支援』について、事業計画はどのようにお考えでしょうか」「主力事業との関係はどのようなものになるのでしょうか」「事業目的が変更されましたね。これは新規事業なのでしょうか？　よろしければビジネスプランについてお聞かせください」など、これらは自然に切り出せるポイントといえよう。新規ビジネスの「芽」については敏感でいたいものだ。

図表57　「目的」を抜粋した商業登記のサンプル

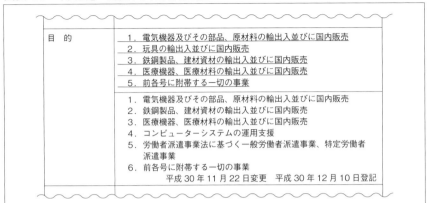

　また見落としがちなのが、抹消されている事業だ。図表57の企業でいえ
ば「玩具の輸出入並びに国内販売」が抹消されている。事業目的は一部項
目の抹消であっても、一度すべてを抹消してから全部の項目を登記し直す
形式となるため、抹消前後で比較をしなければ変化の内容が分からない。
数が少なければまだしも、多くなると見落としがちになるので注意した
い。抹消要因はほとんどのケースが、「登記したものの一度もその事業を
営んでいなかった」というケースである。

　最近はマネーローンダリング／テロ資金供与対策（AML/CFT）の観
点で、ハイリスク業種（中古自動車業、貿易業、海産物卸、暗号資産関
連、ただしリスクベースドアプローチの観点で一律に決まっているもので
はない）と思しき企業の口座開設時のチェックが厳しくなっている。「実
際にやってもいない事業を商業登記に載せておくことのリスク」を考慮し
て、抹消する動きが広がる可能性もある。丁寧に確認しておきたい。

■定款の変更がすべて登記に反映されるわけではない

　先ほど、事業の目的欄を変更する場合は会社定款の変更が必要であり、
会社定款の変更には株主総会の決議が必要であることを述べた。そこで、
目的に変更があった場合は、その株主総会で他に決議事項がなかったのか

も合わせて聞いておきたい。商業登記の変更には登録免許税がかかるため、「登記手続きを省力化するために役員任期を延長した」といったことが聞けるかもしれない。

定款の内容は商業登記に含まれないことも多いため、個別のヒアリングが欠かせない。案外、株主変更といった大きな変更が潜んでいるかもしれない。「そんな重要なことをなぜ企業は告知しないのか」と思う方もいるかもしれないが、中小企業経営者は定款や商業登記の変更手続きを外部の専門家に任せることが大半である。そのため、定款を変更したことはすべて商業登記にも反映されると思い込んでいるケースもある。

中でも、株主情報を商業登記の記載事項と勘違いしている経営者は思いのほか多い。株主変更は事業承継の準備を察知できるなど重要な情報なので、可能性を含めて常に確認しておきたいポイントである。

なお、法務省の登記統計によれば、2018年の１年間で事業目的の変更は６万8,759回申請されている。

４．登記所をまたいだ移転があれば閉鎖登記を確認する

商業登記は「登記事項証明書」として入手するが、登記事項証明書には「現在事項証明書」「履歴事項全部証明書」「閉鎖事項証明書」等がある。現在事項証明書は現在有効な登記事項に内容が絞られているため、すっきりして見やすい反面、過去の遍歴を示す抹消事項については一部を除いて見ることができない（図表58）。

一方、履歴事項全部証明書では商業登記規則30条１項２号に基づき、過去約３年間の抹消事項の表示がある。例えば「期間中の役員の解任」といった企業側にとって不都合な履歴も確認できるため、融資先から商業登記を徴求する場合を含め、現在事項証明書ではなく履歴事項全部証明書を入手することが望ましい。

ただし、履歴事項全部証明書であっても「そこにある企業の履歴がすべてではない」ということを、ご存知だろうか。登記所（法務局）をまたぐ本店移転があった場合、前本店時の情報は閉鎖登記扱いとなり、現本店地

図表 58　現在事項証明書のサンプル

現在事項証明書

埼玉県さいたま市岩槻区本町三丁目2番5号
北関東アグリ販売株式会社

会社法人等番号	０１１３－０１－０３２２５×
商　号	北関東アグリ販売株式会社
本　店	埼玉県さいたま市岩槻区本町三丁目2番5号
公告をする方法	当会社の公告は、官報に掲載してする
会社成立の年月日	平成26年9月14日
目　的	1．米穀、雑穀物類の卸販売 2．生鮮食品、加工食品の卸販売 3．飼料、肥料、土壌改良剤の販売 4．古物営業法による古物商 5．自動車・中古自動車等車両の販売、リース並びに輸出入業 6．パソコン、複写機等事務用機械器具の販売業務 7．コンピュータ及び周辺機器、ソフトウェア、通信機器、事務機器の販売並びに仲介 8．衣料用繊維製品、羽毛、紳士服、婦人服、子供服、肌着の輸出入並びに販売 9．産業廃棄物及び一般廃棄物の収集、運搬、保管、処理及び再生業 10．上記各号に付帯する一切の業務
発行可能株式総数	3000株
発行済株式の総数並びに種類及び数	発行済株式の総数 　　300株
資本金の額	金300万円
株式の譲渡制限に関する規定	当会社の株式を譲渡又は取得するには、株主総会の承認を受けなければならない。
役員に関する事項	取締役　　天　野　孝　弘　　　｜　平成29年12月20日就任
	東京都武蔵野市八幡町二丁目10番10号 代表取締役　　天　野　孝　弘　　｜　平成29年12月20日就任
登記記録に関する事項	平成30年1月14日東京都大田区蒲田五丁目13番14号から本店移転 　　　　　　　　　　　　　　　　　　　　平成30年1月17日登記

＊下線のあるものは抹消事項であることを示す。

での履歴事項全部証明書には履歴内容が引き継がれない。

　2012年5月以前は、商業登記の会社法人等番号（12桁の企業識別コード）が登記所をまたぐ移転のたびに新しく付番されていた。このため、取り込み詐欺を計画する悪意ある輩がわざわざ登記所をまたいで本店を移転させ、登記を「洗浄」していたことは、信用調査会社では常識である。

　登記所をまたいで本店を移転した場合でも、前本店地の商業登記は閉鎖扱いとして確認が可能である。少しでも違和感を持ったならば、前本店地

の閉鎖事項証明書を確認しよう。

■企業としての連続性に疑義があれば取引は控えたほうが賢明

　では、この企業と取引するか否かを検討するという場面を想定し、図表58のサンプルを見てほしい。この現在事項証明書では、北関東アグリ販売株式会社が平成26年9月に設立され、平成30年1月に大田区蒲田から埼玉県さいたま市に移転してきたことが分かる。

　この現在事項証明書では、代表の天野氏が平成29年12月に就任しているのを見て「あれ…、設立時の代表がもう変わったのか？」との違和感を持ちたいところだ。設立から3年の間に代表が変わることは、中小企業ではそう多くはない。「前の代表者」や「設立時の代表者」が誰なのかを確認する必要があろう。

　図表59のサンプルは、移転元である大田区蒲田の閉鎖事項証明書だ。これを見ると、わざわざ移転の1カ月前に商号、代表者、事業目的を変更していることが分かる。第4章で触れたとおり、商号と代表者が同時に変わっている場合は、経営権が変わっていると考えるのが自然である。図表59のように事業目的まで変わっている場合は、もはや企業としての連続性があるとは考えにくい。

　事業開始にあたって休眠登記を利用すると、同様の事象が生じるが、これが取り込み詐欺業者の常套手段であることも常識である。現代表者と前代表者についての関係はもちろん、こうした変更履歴について納得のいく説明がない場合は、取引を推進すべきではないだろう。

　休眠登記の活用はグループ企業がグループ内の休眠企業の登記を活用するケースもあるが、それ以外は疑いの目を向けたほうがよい。以下は、調査歴30年のベテラン調査員が常々口にしていた言葉である。「これから新しく事業を始めようとする人が、人の手垢がついた登記を使うだろうか。古い登記を買って商売を始める人は、仮に悪意のある詐欺者でなくとも、経営者としての資質や事業への思い入れをよく見極めるべきである」

図表 59　閉鎖事項証明書のサンプル

閉鎖事項証明書

埼玉県さいたま市岩槻区本町三丁目2番5号
北関東アグリ販売株式会社

会社法人等番号	0113-01-03225×	
商　号	株式会社ゴードン	
	北関東アグリ販売株式会社	平成29年12月20日変更
		平成29年12月25日登記
本　店	東京都大田区蒲田五丁目13番14号	
公告をする方法	当会社の公告は、官報に掲載してする	
会社成立の年月日	平成26年9月14日	
目　的	1．電子回路の設計、製作及び輸出入業務 2．自然エネルギーを利用した発電及び販売事業 3．天然ガスの輸出入業務 4．発電事業に関する建設、設置及び販売 5．人材派遣業 6．産業廃棄物の管理、廃棄及び再生業務 7．上記各号に附帯する一切の業務	
	1．米穀、雑穀物類の卸販売 2．生鮮食品、加工食品の卸販売 3．飼料、肥料、土壌改良剤の販売 4．古物営業法による古物商 5．自動車・中古自動車等車両の販売、リース並びに輸出入業 6．パソコン、複写機等事務用機械器具の販売業務 7．コンピュータ及び周辺機器、ソフトウェア、通信機器、事務機器の販売並びに仲介 8．衣料用繊維製品、羽毛、紳士服、婦人服、子供服、肌着の輸出入並びに販売 9．産業廃棄物及び一般廃棄物の収集、運搬、保管、処理及び再生業務 10．上記各号に付帯する一切の業務 　　平成29年12月20日変更　　平成29年12月25日登記	
発行可能株式総数	3000株	
発行済株式の総数並びに種類及び数	発行済株式の総数 　　300株	
資本金の額	金300万円	
株式の譲渡制限に関する規定	当会社の株式を譲渡又は取得するには、株主総会の承認を受けなければならない。	
役員に関する事項	取締役　　　　渡　邊　淳　二	平成29年12月20日辞任
		平成29年12月25日登記
	取締役　　　　天　野　孝　弘	平成29年12月20日就任
		平成29年12月25日登記
	東京都大田区仲六郷二丁目44番11号 代表取締役　　　渡　邊　淳　二	平成29年12月20日辞任
		平成29年12月25日登記
	東京都武蔵野市八幡町二丁目10番10号 代表取締役　　　天　野　孝　弘	平成29年12月20日就任
		平成29年12月25日登記

＊下線のあるものは抹消事項であることを示す。

5．新たな提案や関係深耕の材料として使い倒そう

　商業登記の着眼点として、「発行済み株式の種類」にも触れておこう。

　皆さんは、「種類株式」なるものをご存知だろうか。種類株式とは、2つ以上の異なる権利が付された株式のことで、「剰余金配当」「残余財産分配」「議決権制限」「譲渡制限」「取得請求権付」「取得条項付」「全部取得条項付」「拒否権付」「取締役等専任権付」の9種類がある（これらの組合せは自由）。「拒否権付」が「黄金株」と呼ばれていることは、第5章で触れたとおりだ。

　商業登記上には「A種類株式」「B種類株式」といった表現で記載されており、この種類株式の出現率は帝国データバンク調べでは概ね2.5％程度である。種類株式の記載がある場合は、金融リテラシーが高い企業であることが想像される。特に「剰余金配当」や「議決権制限」の記載がある場合は第三者割当増資に積極的で、近い将来上場を見据えて意欲的に事業展開していることがうかがわれる。

　なお、種類株式ではないが、同じく商業登記に記載のある「新株予約権」の発行申請は2,919回あり（出典：法務省の登記統計、期間2018年の1年間）、こういった企業も金融リテラシーが高いと考えられる。

■確認事項の順序を押さえて効率良くチェック

　最後に、商業登記を効率的にチェックするための流れをまとめよう。

①主要事項の現在情報の確認

　商業登記は「告知内容と相違がないか」という観点で見ることが多いため、効率的にチェックするための順番としては、商号・本店・代表者といった基本的な現在情報の確認をすぐに済ませたい。

②移転に関する情報の確認

　履歴事項全部証明書であっても、登記所をまたぐ移転があった場合は、前本店地の閉鎖登記簿を見ておきたい。そのため、商業登記の末尾に記載がある「登記記録に関する事項」に移転に関する情報がないかを確認しよ

う。前本店地の閉鎖登記簿を確認する際に押さえたい主なポイントは、次の4点になる。

- 短期間での代表者変更
- それ以前の本店移転
- 事業の連続性がうかがえない商号・目的の変更
- 役員の解任

　上記のいくつかが該当し、閉鎖登記制度を利用した「登記洗浄」の意図が疑われる場合は、いかに入手した決算書類や事業計画の説明が良かったとしても、「過去の登記事項について確認したいことがあります」と毅然とした姿勢でヒアリングし、疑いが晴れない限り、取引開始には慎重であるべきだろう。

③役員に関する事項の確認

　次に確認したいのは役員に関する事項だ。営業責任者や経理責任者を兼ねる取締役の変化は、中小企業では業績の浮沈に直結することが多い。

④抹消登記の確認

「抹消登記」も訪問時の会話のきっかけにしたい。例えば資本金について、過去に5,000万円から1,000万円に減資した旨の記載があれば、「この頃は資金繰りが苦しかったのかな？」と考えて、「社長、商業登記を拝見したところ過去に減資をしていますが、このときは資金繰りがタイトだったのでしょうか？　できればその頃の話をお聞かせいただけませんか」と、寄り添うように聞くとよい。過去の業績不振の事実を裏付けるだけでなく、経営者がその難局をどう乗り切ったのかを通じて、経営手腕やスタンスを把握することができる。難局を乗り切った方法に比重を置いて聞けば、経営者も口を開いてくれるはずである。

⑤事業の目的の変化の確認

　事業の目的の変化にも敏感でいたい。目的に変更があった場合には、新規事業の可能性も考慮してその背景を確認しよう。

　商業登記は行職員であれば目にすることの多い資料だが、そこからどれだけの情報を読み取るかで「差」が出てくる。商業登記を新たな提案や関係深耕の材料として、使い倒してほしい。

情報ソース別に見るEBMの着眼点
③不動産登記

1．不動産情報の量でライバルと差をつける

　不動産登記も、一般社団法人民事法務協会の登記情報提供サービス（https://www1.touki.or.jp/）を使えば、容易に取得することができる。価格は以下のとおりだ（令和元年10月1日〜）。

- 全部事項（登記記録の全部の情報の提供）…334円
- 所有者事項（不動産の所有権の登記名義人のみの情報の提供）…144円
- 地図、土地所在図等の情報の提供…364円

　不動産登記は担保価値算定などを目的に取得することが多く、商業登記と同様に行職員にとってなじみのある情報ソースといえる。

　商業登記との違いでいえば、商業登記は1つの企業に対して1つしか存在しないが、不動産登記は所有者ではなく物件単位で作られている。担当先の企業に関係する不動産をどこまで把握できているかは、ライバル行庫と差がつく部分でもある。

　また、商業登記は前述のとおり閉鎖登記で履歴を確認する必要があるが、不動産登記については当該不動産の履歴がすべて記載されているため遡及する手間がなく、過去に何があったのかが探りやすい。

　ただ、金融機関においても昨今は業務効率化の流れにより、営業担当者が自分で不動産登記を取得することは減っており、専門部署や子会社が閲覧を代行するケースも増えている。この場合、営業担当者が目にするのは不動産登記の原本ではなく、各行庫所定のフォーマットにまとめられた「不動産情報」になるだろう。

　こうした情報は現在事項を中心にまとめられており、効率面においては

図表60　不動産登記（建物）のサンプル

表題部 (主である建物の表示)	調製	平成20年1月15日	不動産番号	×60600009972

所在図番号	余白		
所　在	守山市野洲　1465番地×		余白
家屋番号	1465番×の2		余白

①種　類	②構　造	③床　面　積　㎡	原因及びその日付〔登記の日付〕
居宅	鉄骨造亜鉛メッキ鋼板葺平屋建	122 : 34	平成21年6月1日新築
余白	余白	余白	平成17年法務省令第18号附則第3条第2項の規定により移記

権利部 (甲区)		[所有権に関する事項]	
順位番号	登記の目的	受付年月日・受付番号	権利者その他の事項
1	所有権移転	平成8年9月25日第10108号	原因　平成8年9月19日相続 所有者　守山市根岸一丁目5番×号 　鈴　木　一　郎 順位2番の登記を移記
2	所有権移転	平成21年4月1日第4763号	原因　平成21年4月1日売買 所有者　守山市根岸三丁目2番×号 　田　村　正　二

権利部 (乙区)		[所有権以外の権利に関する事項]	
順位番号	登記の目的	受付年月日・受付番号	権利者その他の事項
1	根抵当権設定	平成19年4月2日第3703号	原因　平成18年12月22日金銭消費貸借 　　　平成19年4月1日設定 極度額　金1億3,000万円 債権の範囲　銀行取引　手形債権　小切手債権 債務者　守山市青山二丁目×番6号 　帝国石油株式会社 根抵当権者　東京都港区虎ノ門二丁目×番1号 　株式会社白水ホールディングス 共同担保　目録（あ）第516×号
	余白	余白	平成17年法務省令第18号附則第3条第2項の規定により移記 平成20年1月15日

＊下線のあるものは抹消事項であることを示す。

※本サンプルは架空のものであり、実在する企業・団体・個人とは一切関係ありません。

有用であるが、不動産登記の原本にある履歴情報は見落とされがちになる。本項では、不動産登記の構成を改めてレビューし、抹消事項、つまり「過去に何があったのか」について考えをめぐらせたい。

2. 不動産登記の構成と各部の記載事項の着眼点

　まず不動産登記は、「土地」と「建物」に分かれている。それぞれが「表題部」「権利部（甲区）：所有権に関する事項」「権利部（乙区）：所有権以外の権利に関する事項」の三部構成になっており（**図表60**）、「共同担保目録」を加えて四部構成と呼ぶこともある。甲区、乙区という呼称は何とも古めかしい。

①表題部

「表題部」には、その不動産の所在地や大きさといった物理的な現況が表示されている。ここに記される不動産の「所在」は、一般的な地図や郵便で使われる住居表示（住所）ではなく、「地番」と呼ばれる単位に基づいている（建物の「家屋番号」は固有の建物識別番号といえ、地番と紐付く形になっている）。地番が示す住所は調べなければならないという面倒があるが、こればかりは慣れるしかない。

　所在のほか、土地の場合は「宅地」「田」「山林」「雑種地」といった「地目（用途）」と合わせて、不動産の「大きさ」が分かる。建物については、「鉄骨造」や「木造」といった構造物の種類の記載がある。

　表題部で注目したいのは、「その建物がいつ建てられたか」という日付情報だ。事務所用建物の減価償却期間は、木造で24年、鉄骨鉄筋コンクリート造で50年と定められているため、償却期間が終わっていれば収益面から提案するチャンスが出てくる。

　第4章で「二次法人EBM」の事例として、完成車メーカーのフルモデルチェンジを機に下請会社に対して設備資金を提案し、成功した事例を紹介した（P145参照）。この提案の肝は、下請会社が前回のモデルチェンジのときに工場を増改築していたことを不動産登記から読み取っていた点にある。モデルチェンジの情報と不動産登記の履歴情報の組合せにより、効率の良いアプローチが成功した事例といえよう。

　減価償却以外にも、建物が建てられた時期が建築基準法の改正前か否かを確認したい。耐震基準変更を伴う建築基準法の改正前に建てられたので

あれば、当該建物は現在の耐震基準を満たしていない可能性があるため、「所有不動産は旧基準のものですね。今後、増改築などの計画はあるのでしょうか」と自然に切り出すことができる。

■事前に知り得た所有者と相違していないかを確認

②権利部（甲区）

次に「権利部（甲区）」を見てみよう。ここには所有権に関する事項が記されており、「その不動産が誰のものか」、取得したのであれば「いつ取得したか」などが分かる。

実務上は、まず現在の所有者が誰なのかを確認することになる。もし事前に知り得ていた所有者と相違していたら、事情をよく確認する必要がある。第5章でも触れたとおり、事業用不動産の所有権変更から事業承継の兆しに気付くことは多い。

昨今は「不動産の活用」が経営戦略として重要な意味を持ち、中小企業経営においても、「CRE（Corporate Real Estate）戦略」という言葉を聞くようになってきた。

事業用不動産については、会社名義の不動産に比べて代表や親族が保有する不動産は流動性が高いといえる。「本店不動産は親族の方の所有のようですが、社長の弟さんでしょうか？　事業にはタッチしていないようですが、会社名義にするといった計画はあるのでしょうか」などと切り出し、取得の意向を聞いておきたい。

他方、代表者が所有していた不動産を妻名義に変えている場合は、注意が必要だ。夫である代表者が自社の倒産を予見し、破産時の資産隠しを目的として偽装離婚した妻に財産分与したケースが実際にあるなど、倒産のシグナルになり得るからだ。

善し悪しは別として、中小企業では代表者の妻を「監査役兼常勤経理担当」などにしているケースは多い。特に代表者夫婦の離婚後も、それまでと同様に（元）妻を事務所内で見かけるような場合は、「今回不動産を奥様名義に変えられていますが、どういった事情があるのでしょうか？」と探りを入れ、納得できる理由があるのかを確認しておく必要がある。

また、商業登記上で死亡が確認されていた前代表者の不動産について、没後数年が経過しているにも関わらず、不動産登記の名義が変わっていないケースは珍しくない。急な相続でバタバタとしていたのか、相続税を払う余裕がなかったのかは分からないが、いずれにせよ好ましくない事象といえる。

■取得時期を確認して大きな含み損益の可能性を推測

　表題部の解説で「建物が建てられた時期」に着目するよう述べたが、権利部（甲区）では、「不動産を取得した時期」に注目したい。

　2019年3月に公表された国土交通省の公示地価によれば（2019年1月1日時点）、全国・全用途平均は＋1.2％で4年連続の上昇となっている（図表61）。2008年のリーマン・ショック後、変動率は7年連続マイナスとなっていた。

　地域や用途にもよるが、2009年から数年以内に取得された不動産は「底値」での取得により含み益が生じている可能性が高い。このため、「リーマン・ショック後の2010年代前半に取得された事業用地については含み益が出ているかもしれませんね。今後の不動産活用について方針をお聞かせください」と切り出すことで、売却資金を元手にした新規事業着手など、新たな情報の入手が期待できるかもしれない。

　一方、いわゆるバブル崩壊によって1992年の公示地価はマイナスとなったが、ピークとなった1991年には、「日本の土地価格でアメリカ全土を買える」といわれるほどの狂乱地価を記録した。そこから遡る数年以内に取得した不動産については「高値づかみ」をしている可能性が高い。言わずもがな、土地は決算書上、取得時の価格（簿価）で計上されるため、高値づかみをしている場合、不動産を売却すれば売却損を計上せざるを得ず、慎重に扱わざるを得ない。

　当時から売るに売れず「塩漬け」状態となってきた不動産は、取得後30年前後が経過していることになる。当時30代だった経営者が30年の時を経て、事業承継を考えなくてはならなくなっているケースもあるだろう。そういう場合は、「事業承継についていかがお考えでしょうか。本店不動産

図表61　公示地価の平均価格と変動率推移

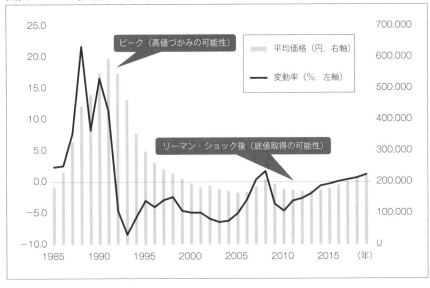

の登記を拝見しましたが、相続についてはいろいろ対策を考える時期ではないでしょうか」などと、やんわり切り出したい。事業承継に関するアプローチの入り口は思いのほか多い。

■過去のことでも差押登記があった当時の状況をヒアリング

「差押登記」も権利部（甲区）の記載事項であり、決して見落としてはならない（図表62）。差押登記の原因として多いのは税金滞納で、その場合は都道府県や市町村を債権者として各都道府県や市町村の税事務所などが登記することとなる。

　原因となった税金を納付すれば差押登記は抹消されるが、「差押登記がなされた時点では資金繰りが厳しかった」との見立てはつくため、過去の差押登記であっても見逃さないほうがよいだろう。何とか当時の滞納分を完納したものの、現在進行形で苦境が続いているかもしれない。

「御社の本店不動産の登記を拝見したのですが、あの頃は資金繰りが厳しかったのでしょうか？　よろしければ、どのように急場を乗り越えたの

か、お聞かせいただけないでしょうか」などと切り出すと、金融に関する方針の把握につながる。もしそこで「私財投入」などのエピソードが出てきたら、それとなしに現在の私財の状況について話題を振ることで、法個一体（法人だけでなく経営者の財産まで含めた）提案に発展させられるかもしれない。

　こんなケースもある。美容業を営む企業に自治体から差押登記をされた理由を聞くと、「税務当局との見解の相違があり、あえて数万円足らずの金額を納付した。全額を払おうと思えば払えるが、当局から差押登記されてしまった」と説明を受けた。その後、全額を納付して差押登記は抹消されたが、その企業はそれからさほど日が経たないうちに倒産した。

　当事者の説明が言い訳に過ぎないことはよくある。不渡りを出した企業の経営者がよく「経理を任せている妻がうっかりしていて…」と言い訳をするのと同じだ。やはり、登記の事実を重く見るべきであろう。

■抵当権は自動的に抹消されるわけではない

③権利部（乙区）

「権利部（乙区）：所有権以外の権利に関する事項」に記載される主な権利は「抵当権」と「根抵当権」である。抵当権が、住宅ローンに代表されるように「特定の債権」に紐付く担保権であるのに対して、根抵当権は運転資金や設備資金といった「反復して生じる不特定多数の債権」を対象にしたものだ。

　抵当権には利率等の細かい取引条件の記載があるが、根抵当権にはそのような記載はない。また抵当権設定時の金額は借入金額とイコールであるが、根抵当権の極度額については、実際にその金額を借り入れているわけではない。これらは金融関係者にとっては周知の事実であろう。

　抵当権・根抵当権についても過去からの推移を見ることで、取引金融機関との結びつきの強さをうかがい知ることができる。

　例えば、設立当時の所有不動産に根抵当権が設定されている場合、その企業は根抵当権を設定している金融機関と長年取引をしている可能性が高い。他方、根抵当権は残債がなくなっていても解除することは少ないた

図表 62　甲区を抜粋した不動産登記のサンプル

権利部（甲区）　[所有権に関する事項]			
順位番号	登記の目的	受付年月日・受付番号	権利者その他の事項
1	所有権移転	平成 8 年 9 月 25 日 第 10108 号	原因　平成 8 年 9 月 19 日売買 所有者　△□市根岸一丁目 5 番 × 号 　　鈴　木　一　郎 順位 2 番の登記を移記
2	所有権移転	平成 21 年 4 月 1 日 第 4763 号	原因　平成 21 年 4 月 1 日贈与 所有者　△□市根岸一丁目 5 番 × 号 　　鈴　木　花　子
3	差押	平成 21 年 5 月 16 日 第 13421 号	原因　平成 25 年 5 月 15 日△□税事務所 差押 債権者　△□市
4	3 号差押登記抹消	平成 26 年 2 月 28 日 第 3756 号	原因　平成 26 年 2 月 28 日解除

※本サンプルは架空のものであり、実在する企業・団体・個人とは一切関係ありません。

め、わざわざ根抵当権が解除されている場合は、企業もしくは金融機関側の事由で取引を中止したと推測できる。

　経営者の中にも、返済が完了すれば抵当権は自動的に抹消されると思い込んでいる人は多いので、抹消できることをあえて伝えることで信頼を得られることもあるだろう。

■縁もゆかりもない個人が債権者の場合には要注意

　金融機関以外が抵当権や根抵当権を設定しているケースでは、注意深く要因を確認していきたい。過去には、不動産オーナーがテナントである高級カーディーラーから保証金見合いの抵当権を設定されているケースがあった。一概に「不動産オーナーの信用力が低いからテナントから抵当権を設定された」とは言えないが、カーディーラーが差し入れた保証金の流失を恐れたことは明白であるため、抵当権の設定を応諾した不動産オーナーとの力関係が垣間見える。

　また、仕入先から抵当権や根抵当権を設定されているケースでは、仕入先が売上債権保全のために設定しているだけでなく、事実上の金融支援を

行っているケースも想定される。「仕入先の○○物産から極度額１億円の根抵当権を設定されていますが、どのような経緯なのでしょうか？」などと聞き、その経緯を押さえておきたい。結びつきの強さによるものか、保全見合いなのかはケースバイケースだが、単刀直入に聞いても差し障りがないのが公簿情報の強みといえよう。

ケースとしてはレアだが、仕入先から金融支援を受けている場合は、条件その他を聞き出すとよい。当該企業がその仕入先との関係を断とうとしている場合はもちろん、対外的な見た目も考えて自行庫で肩代わりする提案ができるかもしれない。

抵当権等を設定している債権者が一般個人の場合は、高利貸の可能性がある。親戚ならまだしも、縁もゆかりもなさそうな個人ならば、高利導入を念頭に事実関係を探る必要がある。たとえそれが過去であっても、「不動産登記の抵当権者に金融機関ではない個人の方がいらっしゃいますが、どのような関係でしょうか」と単刀直入に聞いておきたい。「親戚だよ」といった回答があるかもしれないが、借用書のみならず抵当権まで設定しているような事態は、当事者同士の結びつきが強いとはいえず、ある意味他人と考えたほうがよいだろう。

■公簿に記載されているものは「事実」であることを常に意識

これまで商業登記と不動産登記について読み解き方を説明してきたが、調査会社の格言の１つに「商業登記や不動産登記といった公簿は『事実』であるから、抹消事項も含め転記ミスや読み落としは許されない」というものがある。

企業信用調査を業にしていると、裏付けが困難な情報が意外と多いことに気付かされる。企業のホームページには自社に不都合な事項の記載はなく、「虚飾」や「誇大」であることもよくある。決算書にしても、税務申告書に添付された決算書を「正」としたとして、許認可に基づいて所轄官庁に届けられた決算書と数値が異なるケースもある。融資を受けるために金融機関ごとに残高を操作し作られた決算書、調査会社の評価を上げるために数値を操作した決算書も目の当たりにしたことがある。だからこそ、

公簿のシグナルについては絶対に見落としてはならないといえる。

　法人営業担当者が企業単位でデータを読み解くうえでは、特に「事実」を探るという側面から登記情報はとても有用ではあるが、法人EBMの実践という観点では、少々使い勝手が悪い。商業登記や不動産登記はPDFデータもしくは紙であるために、活用しづらくもある。

　システムへの取込みも、OCRなどで文字認識してからデータ化する必要があり、簡単にはいかない。一定の条件に合致する企業の商業登記や不動産登記を抽出して閲覧するということもできない。もちろん、変化があるものだけを抽出することもできないため、ホームページと同じような使い方にならざるを得ず、法人EBMに利用するにはやや不向きなリソースといえる。

4 情報ソース別に見るEBMの着眼点 ④オープンデータ

1．自行庫・自店エリア内の法人をまとめて確認できる

①国税庁「法人番号公表サイト」

　本書でもすでに何度か登場している「法人番号」だが、2015年12月に国税庁が番号法に基づいて全国の法人番号を公表するサイト（https://www.houjin-bangou.nta.go.jp/）をオープンした（図表63）。仕組みとしては、法務省が管理する商業登記の記載情報の一部をベースとして、国税庁が管理している。

　この「法人番号公表サイト」では、全国の法人（法人番号の指定を受けた者）の「商号または名称」「本店または主たる事務所の所在地」「法人番号」という基本３情報を無料で確認することができる。2019年９月末時点で、「カナを含む商号」479万件もの情報が手に入る。

　本サイトができる以前は、法人の数こそ各種統計資料があったが、全量についての個別商号・所在地が網羅された情報はなかったため、これが公表された価値は大きいといえる。

　エリアマーケティングという観点では、自行庫・自店の営業エリアにどれくらいの企業が存在するのか、去年と比べてどれくらい増えているのか・減っているのかを、自行庫の取引先数と比較しながら、ある程度リアルタイムに確認することができる。

　また、2015年12月以降分のみとはいえ、商号変更や本店移転といった法人EBMに利用できる履歴情報も確認可能である。加えて、合併された場合は継承先の情報についても記載があるほか、登記官による閉鎖や清算結了といった登記記録の閉鎖情報も、商業登記を見ずとも得られる。

図表 63　法人番号公表サイト

■新規発番企業などをまとめてダウンロード可能

　基本的にはWebブラウザ上で個別商号から検索して利用することになるが、CSVまたはXML形式でまとめてダウンロードすることもできる。まとめてダウンロードする方法は、以下の2通りだ。

- 都道府県別に全件をダウンロードする……都道府県別に47回ダウンロードすれば、全件が手に入る
- 差分データでダウンロードする……全件について過去40日分に限り、新規に法人番号の指定を受けた団体の情報（＝新規発番企業）、商号・住所の変更があったもの、登記記録の閉鎖情報などをダウンロードできる

後者の差分データはまさに「法人EBMパック」ともいえるファイルだ。ただし、自行庫のシステムに取り入れようにも、毎日の差分データのダウンロードはとても煩雑になる。この課題に応えるため、システム間連携により取得できるWebAPIも公開されている。利用規約の同意およびアプリケーションID取得のための申請が必要だが、誰でも利用可能だ。そして、ここまで説明してきた部分のデータ利用はすべて無料である。

　システムの作り込みは必要になるが、法人番号公表サイトから取得した情報を基に、法人営業担当者に「担当する企業の商号が変わったようです。アプローチがまだのようであれば至急確認をしてください」といった通知を出すことが可能になる。

2．各省庁の情報を一覧で確認できる法人インフォ

②経済産業省「法人インフォメーション（法人インフォ）」

　法人インフォメーション（法人インフォ、https://hojin-info.go.jp/hojin/TopPage）は、法人が政府より受けた補助金や表彰、許認可等の法人活動情報を掲載しているサイトだ（**図表64**）。経済産業省が法人番号の運用開始に伴い、政府のIT戦略である「世界最先端IT国家創造宣言」（閣議決定）に基づいて、2017年1月から運用している。

　前述の法人番号公表サイトの情報とは日次で接続しているほか、契約・

図表 64　法人インフォメーション（詳細検索画面）

表彰・処分といった各省庁に散在している企業情報を整理・統合する役割が期待されており、補助金31万件、調達16万件、届出・認定・行政処分13万件、表彰5万件、特許109万件などが収録されている（2019年11月3日時点）。

　企業情報では、「代表者氏名」「資本金」は上場およびそれに準ずる企業の情報を収録するEDINET（金融庁）、「創業年」「従業員数」「事業概要」は職場情報総合サイト（厚生労働省）、「設立年月日」「営業品目」は全省庁統一資格（総務省）に収録があれば、ここに表示される。

　例えば「補助金を得ている」という情報があれば、少なからずそれに絡む事業計画が策定されていることを意味する。アプローチする際に、「経済産業省の補助金を申請されていますね。どのような事業計画を立てられているのでしょうか」と自然に切り出すことができる。

　調達情報からも、「国の案件を受託している」といった情報から、それに耐え得る信用や体制を有していることが読み取れる。逆に官公庁との取引が多く官需依存の傾向があるようであれば、公共投資の削減によって業績が一気に傾くことも考えられる。

　更新頻度は基本3情報こそ日次であるが、調達や補助金は月次のようだ。表彰は月次であったが、2019年5月以降は更新がない（2019年11月3日時点）。

■訪問前の事前準備として法人インフォの確認を習慣化

　それぞれの情報は各省庁の運営するサイトで確認できるものだが、このサイトで一覧式に確認できる意義は大きい。それぞれのサイトで利用者が確認する社会コストを大きく削減できる。

　法人インフォはオープンデータであり、誰もが簡単に利用可能であるため、情報武装の観点でライバル行庫との差別化は将来的にはできなくなると考えられる。しかし今は運用開始から日がまだ浅く、知名度もそれほど高くないため、他行庫に先んじて取り入れることをお薦めしたい。

　法人番号サイトと同様、CSVやJSON形式でのダウンロードやWebAPIも用意されている。

　また、法人インフォでは情報処理推進機構が推進する共通語彙基盤（http://imi.go.jp/）を活用してデータモデルを作っている。データは、RDFで実装されLOD（Linked Open Data）として活用できるようにしている。これは国際的な整合性を確保しつつ、これまで以上にデータ同士を容易に結合しやすい状態にすることを狙ったものである。

　うまくシステムに取り込むことができれば、例えば「担当する企業が特許を取得したようです。ビジネスにどのように活かすことを考えているのかヒアリングしてみましょう」「女性管理職の割合が高いようです、今後の方針を聞いてみましょう」「補助金を取得したようです。どのような投資を検討しているかを確認しましょう」といった通知が実現できる。

　たとえシステムに取り込めなくても、本サイトの確認は日々の訪問前の事前準備に組み入れたい。企業情報を効率的に収集できるのはもちろんだが、これらの情報はすべて公開情報であるため、「どこでそんなことを知った？」などと不審がられることがなく、むしろ「よく調べてきたな」と思われることだろう。

情報ソース別に見るEBMの着眼点
⑤企業情報データベース

1．年1回以上更新される鮮度の高い企業情報

　民間企業が提供する企業情報データベースには様々なものがあるが、ここでは帝国データバンク（以下、TDB）が提供する企業情報データベース（以下、企業DB）を取り上げる。

　TDBでは、法人のみならず個人事業主を含む国内660万社に対して「企業識別コード」を付与し、様々なデータを管理・提供している。TDBの企業DBは多くの金融機関で導入されており、「帝国」「TDB」「帝バン」などの通称や、「COSMOS（コスモス）」「C2（シーツー）」といったサービス名（その通称）でも知られている。

　企業情報の収集方法は、調査員による訪問調査を軸に、電話や郵送による調査、商業登記・不動産登記といった公簿情報や官報、所轄官庁の公開情報の調査・収集など、多岐にわたる。主力の企業概要DB「COSMOS2」（以下、C2）の収録項目は図表65のとおり、商業登記上の商号、本店住所（所在地）、電話番号、資本金、従業員数、取引銀行、取引先（仕入先・得意先）、代表者、業績、株主など30項目以上を収録。サービス提供する企業については年1回以上更新し、情報の鮮度を維持している。

　未取引先を含めてこれらの情報を自行庫独自で収集するのは、時間や手間が非常にかかる。有料サービスではあるが、金融機関は本来、情報収集ではなく、集められた情報を活用して金融サービスを提供することを仕事としているのだから、アウトソースできるところはしたほうが経営効率は良いといえる。

　金融機関の営業店における企業DBの活用方法は、主に2つある。1つ

図表65　COSMOS2フルデータのサンプル

COSMOS2フルデータ		Copyright (C) 2019 TEIKOKU DATABANK, LTD.
取扱注意		20XX. 01. 01

企業概要

企業コード	989999956	法人番号：0000000000000		評点 54点
商　号	帝国テクノツール株式会社			
（フリガナ）	（テイコクテクノツール）			
所在地	〒104-0041　東京都中央区新富１－１２－２　帝国ビル３階			
電話番号	03-5540-1309			
資本金	400,000千円		従業員	170名
主　業	35441　機械工具製造業（粉末や金業を除く）		創　業	昭和6年 9月
従　業	35431　金属工作機械用・金属加工機械用部分品・付属品製造業（機械工具		設　立	昭和12年 4月
事業内容	「テック」ブランドを主体とした精密切削工具製造のほか、工作機械部品・治具の製造を行っている。			
取引銀行	みずほ（東京中央），三井住友（築地），三菱東京ＵＦＪ（新富町）			
仕入先	日進鋼機，藤木製作所，日吉鋼材			
得意先	ダイヤモンド工業，青山自動車，大水エンジニアリング			
系　列	帝国ホールディングス			

代表者

氏　名	志水　和正（シミズ　カズマサ）		
住　所	〒231-0007　神奈川県横浜市中区弁天通４－５１－１１０３		
電話番号			
出身地	東京都	生年月日	昭和20年 8月10日
出身校	中央大学	性　別	男性

業績6期

決算期	売上高（百万円）	当期純利益（千円）	自己資本	決算書
平成XX年 3月	4,730	24,295		無
平成XX年 3月	4,588	20,815		無
平成XX年 3月	4,450	-20,020		無
平成XX年 3月	4,584	18,541	36%	有
平成XX年 3月	4,882	22,169	35%	有
平成XX年 3月	4,950	19,128	36%	有

業種別売上高ランキング

対象業種	35441　機械工具製造	全　国	467社中	1位
対象金額	4,950百万円	都道府県	92社中	1位

株主役員

役職名	氏　名	大株主または出資者	保有株数
社　長	志水　和正	帝国ホールディングス	5,600,000株
専　務	青山　政雄	岩井　竜一	1,200,000株
常　務	岩井　竜一	岩井　久美	500,000株
取締役	横山　三四郎	志水　和正	300,000株
取締役	川口　由美雄	青山　政雄	300,000株
取締役	渡辺　茂		
取締役	小宮　桂		
監査役	小林　保雄		
監査役	岩井　久美		

以上

Copyright (C) 2019 TEIKOKU DATABANK, LTD.　　　C-NET_20XX0101_10:00

※本サンプルは架空のものであり、実在する企業・団体・個人とは一切関係ありません。

は営業支援システムに組み込まれた企業DBを使って、手形割引時の持参人・裏書先の信用照会をすること。そしてもう１つは、抽出条件を指定し、営業アプローチ用のターゲットデータとして活用することだ。

　もちろん、法人EBMとして活用している、もしくは活用を検討している金融機関も増加傾向にある。

　これらの企業情報は個別に契約をしていなくても、一部はTDBのウェブサイト（http://www.tdb.co.jp）で無料公開されている。「企業コード」「商号」「市区郡単位までの住所」「業種」を確認することができるので、活用してもらいたい。

　また、「日経テレコン」「G-Search」「D-VISION NET」「BIGLOBE」などの有料データベース・サービスでもTDBの企業概要情報を参照できるほか、スマホアプリ「NOKIZAL」でも取得・閲覧することができる。

２．評点は７つの信用要素の内訳点の合計

　営業アプローチ用のデータ抽出条件として多く使われる項目は、「エリア」「業種」「売上規模」、そして「評点」である。ここで評点について少し説明しておきたい。

　企業概要DB（C2）には評点の合計点しか掲載されていない（図表65の右上）。評点は企業の信用度をTDBが独自に点数化した指標であるが、学校のテストの点数とは違い、80点以上の企業はほとんど存在しない。中小・零細企業が大半を占めているということもあり、評点の平均・中央値がともに40点台である。

　評点をつける調査員にとって、最大の分水嶺は50点と51点の間にある。わずか１点しか変わらないが、信用ランクがDかCかの分かれ目であり、「当面大丈夫」といえるCランク以上か・それ以下かの判断を、調査員はことさら強く意識している。当然、社内の審査スタッフのチェックもそこではより一層厳しくなる。

　その評点であるが、内訳の点数が存在することはご存じだろうか。評点は「業歴」「資本構成」「規模」「損益」「資金現況」「経営者」「企業活力」

図表66　評点の内訳（例）

信用要素別評価

業歴	(1〜5)	2	企業活力	(4〜19)	12
資本構成	(0〜12)	8	加点	(+1〜+5)	−
規模	(2〜19)	4	減点	(−1〜−10)	−
損益	(0〜10)	7	合計	(100)	
資金現況	(0〜20)	10			
経営者	(1〜15)	8			51

信用要素別評価

業歴	(1〜5)	5	企業活力	(4〜19)	10
資本構成	(0〜12)	4	加点	(+1〜+5)	−
規模	(2〜19)	8	減点	(−1〜−10)	−
損益	(0〜10)	4	合計	(100)	
資金現況	(0〜20)	8			
経営者	(1〜15)	12			51

という7つの信用要素の内訳点の合計で、これに「加点」「減点」が加わることもあり、信用調査報告書（CCR）には内訳点も掲載している。50点の企業でも、その内訳点の構成により経営状況が大きく異なることがある（図表66）。

　例えば、将来性が見込まれるスタートアップ企業の場合、「企業活力」が高めの点数であったとしても、業歴が浅く、決算をまだ1〜2期しか経ていないため、「業歴」「損益」は低めの点数となる。反対に、凋落傾向にある大企業では、「業歴」「規模」は高めの点数を維持するが、「資本構成」「企業活力」が低めの点数となることが多い。

■信用調査報告書は新規先の参考資料として欠かせない

　TDBが提供する企業DBは、もちろん企業概要DB（C2）だけではない。

　TDBでは、依頼に基づき企業の調査を行い、信用調査報告書（CCR）を作成している。このCCRは、TDBの調査員が実際に現地へ赴いて取材し作成した詳細なレポートだ。企業概要DB（C2）は、このCCRを元に、商号・所在地・電話番号・業種・従業員数・売上高・利益・取引先・評点など最大54項目（C2は、商品レイアウトにより提供する項目数が異なる）を抽出したものである。

　TDBの調査員は、「現地現認」（何ごとも実際に自分の目と耳で確認するという行動指針）に基づく企業信用調査を、創業以来約120年にわたって愚直に行ってきた。

　依頼ベースで行われる信用調査は、事前準備、すなわち商業登記や不動産登記、官報公告といった公簿の確認などに始まり、現地に訪問をして経営者に対し聞き取り調査を行う。「依頼者非開示」の原則のもとで行われる調査では、ヒト・モノ・カネの観点で80項目以上のヒアリングを行っている。そして側面調査によって情報の裏付けを取り、信用調査報告書にまとめていくわけだが、年間300 ～ 400社もの調査を行う調査員は、日々企業の目利きを行っている。その後、調査報告書は調査員の手を離れ、審査・校正という工程を経て、依頼者のもとに届けられる。

　CCRの内容は企業規模や情報公開姿勢によっても変わってくるが、標準的には当該企業の情報をヒト・モノ・カネの観点から20 ～ 40ページものボリュームでまとめている。先に紹介した企業概要DB（C2）の項目をすべて網羅したうえで、「後継者の有無」「役員の担当業務」「設備保有状況」「設備投資計画の有無」「貿易有無」「資金需要の有無」「金融機関別の借入内訳」「今後の経営方針」など、対面でしか得られない定量・定性情報が数多く掲載されている。未取引先の融資判断をする際の参考情報として、欠かせないものといえる。

◀ 信用調査報告書のイメージ

3．調査会社の情報収集アンテナを自行庫に加えよう

　CCRや企業概要DB（C2）以外にも、TDBでは**図表67**のとおり様々な企業情報を保有しており、企業に関する情報は一通り保有しているといっても過言ではない。

　各種データは、ASPサービス「COSMOSNET」で提供しているほか、拡張子「txt」「csv」「pdf」などのデータ形式で個別提供することも可能だ。CD-Rといったメディア媒体やファイル送信といった電送方式、所定ストレージへの格納、CCRや企業概要DB（C2）をはじめ、ほぼすべての情報がWebAPI方式でも提供可能で、民間企業が運営しているからこそ自由度は高い。

企業サマリー	COSMOS2 企業概要	保有資産	設備等保有企業データ
	英文企業概要		車両保有状況データ
	海外企業情報		設備新設拡充計画データ
	倒産データ	リレーション情報	C-tree 連結企業データ
拠点情報	TDBBASE 拠点データ		系列・出資関係データ
	学校データ		商流データ
	病院データ		倒産予測値
決算書情報	企業単独財務	予測・統計	倒産確率・推移確率算出用マトリクスデータ
	企業連結財務		休廃業予測モデル（QP）

　これらは有料ではあるが、自行庫で情報を収集する場合のコストとの比較で活用を検討してほしい。例えば「後継者の有無」などはとてもセンシティブな情報であるため、初回訪問時に聞くのは困難であるし、営業担当者の属人的な技量に委ねられ、細心の注意を払いながらのアプローチが求められる。

　未取引先の決算書情報も、訪問を重ねなければ入手は困難である。入手したとしても、財務内容が想像以上に悪かった場合は、検討に値しなくてもこちらからアプローチした以上、検討しないわけにもいかない状態となり、余計なコストが発生してしまう。

■評点の動きから企業の全体像をつかむ

　法人EBMと企業DBは相性が極めて良い。評点を例にとってみよう。評点は「一時点の情報」という意味で時間軸の断面としての判断材料になるが、過去からの推移も大きな意味を持つ。

　同じ45点の企業であっても、下降トレンドにあるのか上昇トレンドにあるのかでは、意味合いが全く異なることは前に述べた。評点が上下するということは何かしらの変化やイベントが起きている可能性が高い。

　評点はCCRの80項目にわたるヒアリング項目の内容の変化が複雑に絡

み合った結果として変動する。法人EBMの実践においては、評点の動き
から「その企業に勢いがあるのか」「ジリ貧で危機打開の必要性があるの
か」という企業の全体感をつかんだうえで、各情報単位の法人EBMを実
践していきたい。

　調査会社が持つ情報には非公開情報が多く含まれている。TDBには3,000
人の従業員が従事し、公開情報・非公開情報を収集している。これらを法
人EBMに取り込むことは、調査会社の情報収集アンテナを自社に加える
ことを意味し、顧客・未取引先のイベントや変化情報に気付く機会が増
え、ライバル行庫と差をつけることも可能になる。全部とは言わずとも、
一部でも取り入れたいところだ。

情報ソース別に見るEBMの着眼点
⑥現地・対面で得る情報

1. 現地に足を運ばなければ分からない情報

　第2章で、法人EBMには「気付くことができる」という効果があると紹介した。優れた営業担当者は顧客の些細な変化にも気付く。そうではない営業担当者は気付くことができず、ただただチャンスを見逃してしまう。法人EBMは、そうした「気付けない営業担当者」にも気付きを提供するものだ——と説明した。

　この説明とは相容れないような話だが、営業担当者が現地を訪問して・経営者と面談してつかんできた「日々の些細な変化」という情報も、しっかり取り込んでEBMに活用したい。つまり、訪問先のオフィスや社長室、工場などの「現地」、対面している「経営者」そのものがEBMの情報ソースになるという考えだ。

　例えば、
「先月会ったときと比べて社長の顔色が悪くなったような気がするな」
「いつもは会いやすい社長なのに、最近はなぜ会えないんだろう」
「整理整頓されていた事務所が、最近は雑然としている。そういえば従業員の雰囲気も暗くなったような気がする」
といったネガティブなサイン（変化）もあれば、以下のようにポジティブなサインもあろう。
「物流関係のトラックの出入りが増えた気がするな。商売がうまくいっているのかな」
「最近は事務所に活気があるな。何か良いことでもあったのだろうか」
「従業員の応対が良くなったな。研修でも導入したのだろうか」

　これらの情報は、現地に足を運ばなければ分からない情報である。

■仮説を伴うアプローチにより確度を高めよう

　第2章では、他業種が取り入れている法人EBMの一部も紹介したが、ソフトウェア会社、建設会社、機械装置メーカーといった業界では、顧客管理システム（CRM）上で、個別資産のサイクル情報（顧客企業が資産を入れ替えるサイクルに関する情報）を当たり前のように蓄積している。「買い替えるタイミング」を蓄積しておけば、それがそのまま有益なイベント情報となり、営業の武器になるわけだ。

　金融機関においても、10年前と比較するとCRMを導入・活用する行庫が増えている。取引先が今使っている主要設備の購入時期や償却時期が分かれば、次の資金需要のタイミングが読める。例えば、ソフトウェアの償却期間は5年であるため、現在使っているITシステムの導入時期を押さえておけば、次の導入はその5年後ということになる。導入を検討するのはそれよりも少し早くなるが、こうしてアプローチの時期を計算できる。

　鉄骨鉄筋コンクリート造の事務所用建物の耐用年数は50年、工場・倉庫用は38年、機械装置は産業ごとに異なるが概ね5〜10年のものが多い。すでに触れたように、建物であれば不動産登記によって築年数や取得時期を確認することができよう。

　営業活動においては、ただ行きあたりばったりに「資金需要はありますか？」「設備の導入予定はありますか？」と聞くより、「この機械設備はそろそろ償却が終わるころですね。次の設備投資をお考えになっているのではありませんか？」と仮説を持って聞いたほうが、アプローチの確度は高まるというものだ。

2．CRMへの登録により自行庫に企業情報を蓄積

　イベントの何カ月前、もしくは何年前からアプローチすればよいのかは業界、商材、金額規模によって異なるため、研究が必要である。あるリース会社では、比較的金額が小さなものについてはリース契約が切れる3カ

月前・6カ月前の2回、システム上でアラートが出る仕組みを備えている。ライバル会社も同様にそのタイミングで営業攻勢をかけてくる。

　金融機関は人事ローテーションのサイクルが他業界に比べて早い。次回のイベント情報は「自分自身のためではなく、次の担当者のため」ということもあるだろう。ゆえに、個人に任せておくと、長期的視点でのイベント情報の蓄積と活用がおざなりになりがちである。地場に根差し転勤が少ない金融機関でも、一人ひとりの営業担当者が、自身の担当するすべての企業について設備単位まで情報を記憶しておくことは、現実的ではない。

　自行庫が独自に入手してきた情報を顧客管理システム（CRM）にきちんと登録しておき、然るべきタイミングでアラートが出る仕組みがあれば、これほど心強いことはないだろう。

　法人EBMのトリガーとなるイベント情報は、何も「必ず外部の情報機関から入手しなければならない」というものではない。営業店単位でもイベントに関係しそうな情報を独自に収集し、それらを地道に蓄積していけば、ライバル行庫と大きな差をつけられる可能性がある。ぜひ実践していただきたい。

第7章

法人EBMをシステム化する

1 法人EBM先進行へのインタビュー ①伊予銀行

　法人EBMのシステム化を考えるにあたり、行内の営業支援システムに法人EBMを取り入れ、積極的に活用している先進行の取組みを紹介しよう。まずは、愛媛県松山市に本店を置く伊予銀行が取り組んでいる「新規開拓における法人EBM」の取組みだ。

　2018年4月、伊予銀行は法人EBM分野で計8種類のモデルについて特許を取得した。この特許は「取引企業開拓支援方法」の名称で、特に未取引先を対象として、企業情報データベースの「前回情報」と「今回情報」を比較することで企業の変化を捉え、潜在顧客である企業の新たな事業展開や金融ニーズを推測することができる——というもの。

　特許の発明者でもある同行の営業戦略部課長代理・篠田貴志氏に話を伺った（以下、敬称略）。

■ターゲティングを効率化して新規開拓の生産性を向上

——法人EBMに取り組んだきっかけは何ですか？

【篠田】特許取得前から、個人のお客様を対象に自行内部の取引データを活用し、営業支援システム（CRM）を通じて営業店にイベント情報を自動配信していました。こうした取組みは他の多くの金融機関でも行われていますが、今回の特許は外部データである企業情報データベースを活用して、主に未取引の法人を対象に企業の変化をシステムで検知し、CRMで営業店に自動配信する——というものです。

　従来から、法人営業担当者が営業支援システムで1社1社のデータを丁寧に見れば、企業の変化に関する情報を得ることはできましたが、「自分から積極的に探さなければならない」という効率の悪さが課題としてあり

ました。特に当行の場合、地銀最多の13都府県に営業店を展開しています。当然ながら、愛媛県内と比べて県外の営業店は情報を取りづらいという課題もありました。

　そこで「入念な事前準備をしたから変化が分かった」ではなく、CRMを通じて営業担当者にプッシュ型で変化を通知することができれば、ターゲティングの効率化を通じて生産性向上に寄与できるのでは──と考えるようになったのです。

──営業担当者に通知される法人EBMのメニューにはどのようなものがあるのでしょうか?

【篠田】「代表者変更」「売上高の増加」「事業所数の増加」「メインバンク変更」「取引銀行数の変化」といったものを採用しています。代表者変更は経営方針の変更、売上高の増加は運転資金需要の増加、事業所数の増加は業容の拡大──といったことがそれぞれ考えられるからです。

　アプローチ率が高い法人EBMのメニューは、「メインバンク変更」「売上高の増加」「為替情報新規ターゲット先」です。統計上の優位性といった堅苦しいものではなく、情報を受け取る営業担当者の目線で、「今日はこの会社に訪問してみよう」「この切り口で話題を振ってみよう」といったモチベーションアップにつながるかどうかを重視するようにしており、メニューは順次増やしていきたいと考えています。

──「為替情報新規ターゲット先」とは何ですか?

【篠田】2018年7月から新たなメニューとして配信を開始したもので、為替情報を活用しています。当行のお取引企業が、一定額以上の振込を行っている愛媛県外の未取引企業を抽出し、情報として配信します。

　当行のお取引先と大きな商売をしている企業であれば新規取引に成功することが多いですし、営業担当者からは「愛媛県内の企業(自行の既存取引先)との取引があることが分かったうえでアプローチできるので、心理的ハードルが下がる」との声が寄せられています。

──EBMの配信について、営業担当者の反応・評価はいかがでしょうか?

【篠田】EBM配信後30日以内のアプローチ状況を計測しているのですが、営業担当者がEBM配信先への対応を優先していることが分かっています。

営業担当者からは、「新規ターゲット先の情報は能動的に調べなければ把握できないことが多いが、法人EBMは変化を自動的に捉えて通知してくれるので、受動的に気付きを得られる」「法人EBMにより効率的に情報を取得できるようになり、面談時の話に深みが出たり、訪問前の事前準備を効率化できたりしている」「決算書情報の変動が法人EBMを通じて把握可能となり、初回面談時から財務面や取引面での具体的な会話ができるようになった」といった声も寄せられています。

2018年度は約7,900社分・1万3,000件を配信し、EBM配信先へのアプローチは未配信先と比較して約1.4倍となりました。法人EBM配信先へのアプローチ率自体も前年度に比べ4ポイント程度上昇しており、積極的に活用されていることが分かります。

■アウェーの心理的ハードルを法人EBMが緩和

このように、現場の営業担当者からも好評を博しているそうだが、一方で篠田氏は現状の課題として、法人EBMの活用状況に「営業店ごと・担当者ごとでのバラつきがまだまだ大きいこと」を挙げていた。

また、新規開拓はそもそもの成功確率が低いうえ、初回面談から取引開始となるまで相応の時間がかかるため効果測定が難しい——というマーケティング部門ならではの悩みもあるようだ。

しかしながら、プッシュ型の通知で法人営業担当者に多くの「気付き」をもたらし、特に知名度を活かした営業活動が難しいシチュエーションや、心理的ハードルが高い先へのアプローチにおいて、法人EBM情報が威力を発揮していることが分かる。伊予銀行の県外営業を、法人EBMが支えているわけだ。

2 法人EBM先進行へのインタビュー ②横浜銀行

　横浜銀行が営業支援システムに取り入れている法人EBMは、取引先の入出金情報や財務数値などのデータをもとに、システムが新規取引や設備投資といったイベントの発生を推測。それを起点とした「EBM情報」を営業担当者に発信することで、適切なタイミングでの提案や情報提供につなげるものだ。

　横浜銀行では、「リージョナル・リテール」の名のもと、長年にわたってビッグデータ活用の取組みを続けている。銀行本体のみならず、浜銀総合研究所が持つデータ分析の知見を活かし、ビッグデータの広域地銀連携である「ナレッジラボ」を運営し、各行が持つノウハウの共有を通じたモデル開発や研究にも取り組んでいる。

　同行については、既存取引先を対象とした法人EBMを紹介する。伊予銀行の新規開拓とは対照的な取組みであるが、どちらのシーンでもEBMが効果を発揮していることが窺い知れるだろう。

　横浜銀行営業戦略部法人取引推進企画グループ長・櫻木達矢氏、マーケティンググループ調査役・松下伴理氏、同グループ副調査役・永井笑子氏、浜銀総合研究所上席主任研究員・影井智宏に話を伺った（以下、敬称略）。

■「気付き」の提供によって営業担当者の顧客理解をフォロー

——どのような法人EBMに取り組んでいるのでしょうか？
【松下】メニューは大別して6種類あります。「商流を管理するもの」「行動を管理するもの」「預貸金の変化を検知するもの」「財務の変化を検知するもの」「取引の変化を検知するもの」「様々な期日情報」です。

このうち商流を管理するものは、2014年に特許を取得しています。具体的には「新規販売先からの入金」「新規仕入先への支払い」に着目し、お客様の商流の変化から新たな事業展開を推測し、資金調達ニーズや販路拡大のビジネスマッチングニーズ等に機動的に対応するものです。

　法人EBMのモデル数は全部で64種類（2019年10月時点）用意していますが、新規開拓用というよりも、既存取引先を対象としたものが大半です。法人営業担当者向けが多いですが、特に重要なものは役職者にも送るようにしています。

【櫻木】行動を管理するものとしては、例えば当行メイン先で融資残高が減ってきているにも関わらず訪問数が減っているような場合、法人EBMシステムが担当者の端末に通知をしています。また、預貸金の変化を検知するものについては、例えば従来であれば、大口預金への入出金情報などが営業店内で紙ベースで回覧されていましたが、これらをデジタル化したようなイメージでしょうか。

「あの顧客には最近顔を出していないな」「（入出金情報を見て）新しい入金先だな。新規取引が上手くいったのかな。今後取引が拡大するのか計画を聞いてみよう」など、"勘が冴える"担当者であればすぐさまアプローチするのでしょうが、そうではない担当者は気付くことができません。法人EBMがサポートすることで、そうした担当者にも気付きを与え、アプローチするきっかけになることを狙っています。

―― 「ナレッジラボ」とはどのような取組みでしょうか？

【影井】ナレッジラボは、地銀10行（北海道銀行、群馬銀行、武蔵野銀行、横浜銀行、北越銀行、北陸銀行、京都銀行、四国銀行、大分銀行、西日本シティ銀行）で、ビッグデータ基盤を共同開発し、モデル開発も行っています。事務局は浜銀総合研究所が担い、各行のビッグデータ人材の育成機能も兼ね備えています。

　各行が共同で取り組むことで、匿名化された様々な規模や業種のデータが集まり、企業特性や地域特性の理解が促進されています。例えば、横浜銀行は比較的規模の大きな企業情報を多く保有していますし、大分銀行では関東圏ではあまり見られない造船業に関する企業情報を保有していま

す。単独の銀行だけでは得られない知見が、多く得られると考えています。もちろん法人EBMもこのナレッジラボの対象テーマです。

――現場の営業担当者から、「法人EBM情報の仮説は当たらないじゃないか…」といった声はありませんか？

【松下】確かに、法人EBMの仮説が外れていることはあります。しかし既存取引先ですので、ある程度関係ができている先でもあります。会話のきっかけがあれば、たとえ仮説とは違っていたとしても「それではどういうことなのでしょうか？」と切り返すことができますよね。

■「作り手」と「使い手」が協創することを重視

――取り組むうえで気をつけていることはありますか？

【永井】イノベーションは決して一足飛びには実現できない――という点です。新しいシステムを導入すると、営業現場に浸透するにはどうしても相応の時間がかかるものです。そのため、できるだけ早く利用が進むための地道な工夫が必要だと考えています。

【松下】法人EBM情報の月間の配信数は4万数千件ですが、闇雲に配信数を増やさないようにしています。メニューによって月次・日次・随時で配信するものがありますが、配信しすぎて営業担当者の負荷になっていないか、重要な法人EBMが数に埋もれてしまわないか――といった観点で注意をしています。

【影井】法人EBMは、ビッグデータの解析結果の1つの在り方でよいと考えています。また研究開発者は「数理モデル上では…」「統計的には…」と言いたくなるものですが、この考え方ではうまくいきません。またモデル上、凝ったものを作ることはできますが、そうしたものは営業現場では「分かりづらいものはいらない」となってしまいます。重要なことは使い手と作り手が協創することだと考えています。

――効果についてはどのように考えられているでしょうか？

【櫻木】優秀な営業担当者でも、記念日系のイベントは意外と見落としがちであることが分かっています。この点からも法人EBMはすべての営業担当者にとって有用だと考えています。法人EBMは「気付き」を提供す

る機能ですが、この気付きが特に役に立つ担当者として、次の2種類が挙げられます。1つは経験不足の担当者、もう1つは時間をかければ気付けるが、その時間が作れない担当者です。

　例えば前者は、訪問時に決算書を受け取っても、経験不足のため決算内容の変化にその場で気付くことができず、ヒアリングも十分に行えないまま、ただ帰ってしまいます。これに対して、例えば「設備投資増加」というEBM情報を配信することによって気付きを与え、経営者へのヒアリングにつなげていきます。

　後者は、入出金情報を細かく見ていけば自ら気付くことができますが、大量のデータの中から、新しい入金先などに気付くのは至難の業であり、多くの時間を要します。こうした担当者に対しても、EBM情報を配信することによって分析のためのリソースを削減できます。

　こうした気付きの提供によって、担当者の顧客理解をフォローし、社長からも「良く分かってくれているな」と思われることが、EBMの効果であると考えています。

■営業担当者の行動を促すためには「分かりやすさ」が重要

　伊予銀行・横浜銀行が共通して、営業担当者に行動を促すための「気付きの提供」に重きを置いていることが改めてよく分かる。そして、営業担当者の行動を促すためには「分かりやすさ」が重要であることも、両行の運用事例で裏付けられた。

　小説家の故・井上ひさし氏が口癖としていた言葉に「むずかしいことをやさしく…」というものがある。EBMでは、大量のデータから企業の変化や予兆といった「むずかしいもの」を複雑な計算式を用いて見つけ出すわけだが、それだけでは営業現場が活用できない。現場の行動を促すためには「やさしく」情報を伝える必要があり、両行の開発・運用担当者はそこに心を砕いているのである。

3 法人EBMの真価が最も発揮されるシステム化

1. 法人EBMのシステム化にあたっての留意事項

　法人EBMは「概念」であり、システム化することは決して必須ではない。営業担当者1人ひとりが企業に起きている変化に思いを巡らせ、仮説に基づくアプローチを"アナログに"行うこともできる。

　例えば、営業担当者が自分で企業情報を見て「あの会社は来年30周年だな。周年事業のヒアリングをベースに商談を組み立てよう」と考えたり、口座の動きを注意深く見て「あの得意先からの入金は毎月1,000万円なのに、先月は1億円を超える入金がある。大口商談があったのかな？」、あるいは「流動性預金が減少しているな。決済口座を変えたのかもしれない」と考えたりすることで、確度の高いアプローチは可能となる。

　しかし、第1章で解説したように、常にこうしたアナログな動きができるほど営業担当者に時間はない。そもそも、金融機関の法人営業担当者の役割は、情報を収集することよりも、集めた情報を多角的に分析し、融資をするのか否かを判断することにあるはずである。

　また、システム化を進めるにしても、あまり欲張るべきではない。法人の金融活動には大小様々なものがあり、一般個人と比べても金融イベントは頻度が多く、それに基づく企業側のニーズやこれに対応する金融機関側のソリューションも多岐にわたる。

　何より、システム化が進んだとしても、法人営業において顧客企業とのラストワンマイル（交渉の最終工程）を担うのは個々の営業担当者であることから、「こういうときは、こう動く」などと型にはめすぎるのは危険である。よって、法人EBMは「営業担当者に気付きを与える」という点

を重視して運用することが好ましい。

実は前出の横浜銀行では、苦い経験を語ってくれた。数年前までは、法人EBM情報の通知について対応結果の報告を義務化し、営業店の成績項目にも含めていた。施策の検証のためには必要なことだったが、入力負担に対する反発や入力することの目的化により、正しい結果が報告されたとはとても言い難い状況になったという。

これでは施策の検証どころの話ではない。現在では「気付きを提供すること」に主眼を置き、成績項目から外して対応結果の報告も任意としているそうだ。

■優秀な担当者のノウハウをシステムによって汎用化

前述のとおり、個々の営業担当者でも法人EBMに取り組むことはできる。しかし法人EBMは、本部のマーケティング部門と連携してデータアナリティクスを加え、自行庫の情報のみならず外部の企業情報も取り込みながら、現場の法人営業担当者にプッシュ型で通知することで最も真価を発揮する。

そのためにまず重要なことは、優秀な営業担当者の行動解析である（**図表68−①**）。顧客企業にどういうイベントが発生したときに、どのタイミングで、どの商品・サービスを、どのようなアプローチ方法で提案すると成約確率が高いのか──。こうしたことについて本部のマーケティング部門が優秀な営業担当者から丁寧に聞き取りを行うのである。

並行して行うべきことは、自行庫内のデータや外部情報を組み合わせて使うための下準備をすること（②）。具体的には、自行庫内の複数の口座情報を名寄せし、CIF情報（Customer Information File）として統合的に管理しなければならない。

しかしこの作業が意外と厄介である。1つの企業に複数の口座があることは珍しくないが、純預金先に関する情報は自行庫内に乏しいため、名寄せに足る情報がない、あるいは本来名寄せができることに気付かない──といったことがよく発生する。

具体的に説明しよう。A社が甲銀行で口座を開設したが、不稼働口座に

図表68　法人EBMのシステム化に必要なステップ

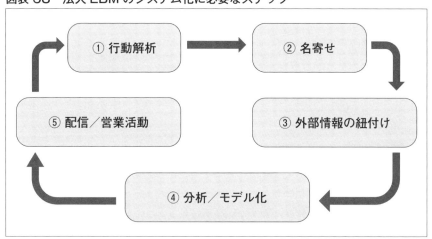

なった。それから10年が経ち、A社はX社に商号を変更して移転。移転先
にある甲銀行の別支店で新規口座を開設した。この場合、甲銀行にはA社
とX社がそれぞれ別会社の情報として存在することになり、商号も住所も
異なるため名寄せができないのだ。

　このようなデータが多いと分析や対応の精度が低下してしまうため、
「名寄せ問題」は多くの実務者を悩ませている。こうした「名寄せ」は各
金融機関において日常的な口座管理が徹底していれば問題ない。しかし、
そうした管理体制ができていない場合には、外部データも活用して個別企
業の移転履歴を探るなどして、一斉クリーニングの機会とする覚悟も必要
である。

「名寄せ問題」がある程度解決されたら、次は外部情報と接続するための
紐付け作業だ（③）。自行庫内の情報と外部の情報を紐付けることで、個
別企業の情報がリッチになり、分析や活用の幅が広がる。CIF情報に外部
情報を組み合わせるためには、自行庫の管理コードと外部の企業識別コー
ドを1対1の「対の関係」にする必要がある。

　法人インフォなどのオープンデータと接続するのであれば「法人番号」
との紐付けが必要になるし、帝国データバンクの評点・業種・売上高・従

業員数といった企業情報との接続であれば「TDB企業コード」との紐付けが必要になる。

ここまでのプロセスを経てベースとなるデータが整備されたら、どういった条件下で商品・サービスが売れているのかを徹底的に洗い出す作業に入る（④）。ここはまさにデータアナリティクスの領域である。

そして、その検証と実行を繰り返し（⑤）、経験と勘に頼ってきた営業活動をデータによって裏付け、再現性のあるものにしていくのである。外部情報と連動していれば、イベントや変化に関する把握情報が飛躍的に増え、新たなアプローチの機会が創出されていくことになる。

2. 本部と営業店の協創活動が法人EBM成功のカギ

できあがった法人EBMモデルを均質的に運用するためには、同条件のイベントが発生した際に、タイムリーに営業店に配信するシステムが必要になる。モデルから導き出された「今まさに」という情報が、営業担当者に届くのに数週間もかかったのでは、法人EBMは効果を発揮しない。

営業担当者にとっては、営業支援システム上で次の3つの実現が求められる。
㋐担当する企業の法人EBM情報がアラートされること
㋑顧客管理画面上でも法人EBM情報がアラートされること
㋒法人EBM情報を検索できること

㋐は、営業担当者が出社してグループウェアを立ち上げると、自分が担当する企業に関する法人EBM情報が、プッシュ型でアラートされている状態を指す。「あなたが担当する企業について5件のEBM情報があります。詳細はクリックして確認してください」といった例が、最もイメージしやすいだろう。

通常は㋐だけでよいはずだが、顧客数によっては毎日全件をチェックすることが難しいこともあるだろう。また、法人EBM情報を得たとしても、そのタイミングではうまくアプローチできないということも出てくる。例えば、アラートのあったタイミングでは当該企業のアポイントがとれな

かった――といったケースである。

　そこで①が必要になってくる。日々のアラートを見落とした、あるいはそのタイミングで営業につなげられなかったとしても、顧客管理画面上に法人EBMの情報があれば、後日遡って確認することができ、再度アプローチするチャンスが生まれる。過去に変化が起きたことは間違いないのだから、「3カ月前に新しい拠点を作られたようですが、現在の進捗はいかがでしょうか?」などと切り出すことができる。

　⑦は、期末など集合的な営業アプローチが必要な際、EBM情報があった先を改めて抽出して活用するというものだ。エリアや業種、従業員数などでアタックリストを作るのが一般的だが、そこにスパイスとして法人EBM情報の有無を加えると、格段にアプローチしやすくなるだろう。

　このように、法人EBMは本部と営業店が協調し、システム化することでその威力が最大化するが、そのうえで取組みを成功に近づけるためには以下がポイントとなる。

・本部が、「分かりやすさ」を追求すること
・本部が、モデルの正しさのみを営業店に押しつけないこと
・本部が、先入観を持たずデータに基づく新たな知見を探求すること
・営業店が、先入観を持たず「まずはやってみよう」というマインドを持つこと
・営業店が、失敗事例も含め結果をフィードバックすること
・営業店が、モデル開発の材料として、経験と勘に基づく新たなパターンを本部に伝えること
　こういった本部と営業店の健全な協創活動が、成功のカギを握っている。

3．法人EBMで金融機関の生産性向上を実現する！

　最後に、2006年からデジタルマーケティングに取り組んでいる、みずほ銀行のコメントを紹介しよう。長年にわたって個人EBMをはじめとしたマーケティング実務を手がけてきた同行データソリューション開発部次長・吉澤陽子氏は次のように語る（以下、敬称略）。

【吉澤】みずほ銀行では、2006年に米国で普及していたマーケティング手法であるEBMを導入しました。顧客の気持ちに寄り添い、セールスを行う最適なタイミングはいつなのか、最適な商品・サービスは何なのか、最適なレコメンドはどんな方法かを考え、マーケティングを高度化したいと考えたからです。

　EBMでは実施した施策すべてについて効果測定を行い、ブラッシュアップしていくプロセスをルール化しました。コールセンターでの電話でのやり取りを聴取したり、営業店での面談記録に目を通したりと、データ分析だけでは見えない顧客の"生の声"も聞きながらPDCAサイクルを徹底して回した結果、ヒット率（成約率）が2倍、収益が5倍になるなど、EBM導入により大きな成果が得られました。

　これはあくまで個人EBMの例であるが、顧客視点に立って考え抜かれた施策を実行している——という点は法人EBMにも通じるものであろう。施策がうまくいっているのかを、マーケティング部門が通話記録や面談記録1つひとつに目を通して検証する——という泥臭さにも「本気」が感じられる。こういったPDCAサイクルを「徹底的に回し切る」ことが、EBMを画餅に終わらせず、高い成果をあげる秘訣になっている。

【吉澤】EBMを補完し、イベント発生前から適切にアプローチする手法として、現在はBBM（ビヘイビア・ベースド・マーケティング、Behavior Based Marketing）に取り組んでいます。このBBMは、顧客の生活において発生するイベントだけでなく、そのイベントの前後にある顧客の意識の変化を捉えたい——という問題意識を背景として始めたマーケティング手法です。

　EBMは、行動の結果に伴う情報を利用するため、顧客へのアプローチがどうしても遅れがちになります。購買に向けた準備行動や心理的・環境的な変化を捉えることができれば、より重層的なマーケティングができるのでは——と考えています。EBMの前の段階を捉えにいくようなイメージでしょうか。EBMが、銀行や外部から見て顕在化しているイベントを捉えるものであるのに対して、BBMはより潜在的なもの、すなわち顧客の現在の考え方やスタンスを理解し、その考え方や行動パターンが変わっ

たタイミングを捕捉しようとします。そして、その変化の先にイベント発生があると考えています。

■顧客自身が気付いていない金融ニーズを喚起する

みずほ銀行が新たに取り組んでいるBBMは、「行動特性とその変化に基づいたマーケティング手法」といえる。法人に関する情報はこれまで見てきたとおり、オープンになっている情報が個人に比べて多い。そのため企業側も「金融機関に知られている」ことが前提となり、自然なアプローチが可能となる。

しかしオープンな情報はライバル行庫も知っている可能性が高く、差別化はそこからの仮説の精度やアプローチの質に左右される。ただ、だからといって取り組まないと、ライバルからさらに出遅れることになる。

一方で、法人を対象としたBBMの展開を考えるとすると、そもそも行動特性のセグメントをどう作るのか、その変化をどのように捕捉するのか――といった新たな課題が生じる。また、ニーズが顕在化していない企業に対してアプローチすることになるため、それ相応の工夫をしなければ不自然なものになる可能性が高い。マーケティング部門によるナーチャリング（見込客の育成）も必要な要素となり、ニーズの顕在化は法人営業担当者の力量に左右されることになる。

ただ、EBMもBBMも顧客が「自分のことをよく理解してくれている」と感じられるアプローチであり、EBMが「よく知っているね！　調べているね！　まさに検討していたところなんだ」なのに対し、BBMは「よく考えてくれたね！　そこまで先回りしてくれるんだね！」という"気が利く"レベルの差ともいえる。

BBMであっても、個人顧客であれば「○○様であれば多分こうお考えになるのではないかと…」、法人顧客であれば「御社はきっとこうされるのではないかと考えて…」と言えば相手が気分を害することはないだろう。顧客自身が気付いていない金融ニーズを喚起することができるのであれば、さらに大きな果実が得られる可能性があるといえる。

■口座維持に関するコストはデータの入手コストと考えよう

　令和元年の金融行政方針では、不正防止を目的としたいわゆる「3年ローテーション」の廃止が示された。これは大きな方針転換である。

　金融機関における担当者のローテーションは、長年の取引によって金融機関と企業の間に馴れ合いが生まれ、それがいつしか癒着という形になるという経験則を前提として設けられたものである。金融機関にとって重要な「不正の抑止」に効果を発揮してきた反面、それによって失うものが多かったのも事実であろう。

　例えば、定期的なローテーションにより担当者が変わることで、企業・金融機関の間で相互理解をやり直すコストが発生してきた。そして、そのコスト負担は企業側のほうが圧倒的に大きい。企業側は口に出さないまでも、「そんなことは前任者がきちんと引き継いでおいてくれよ」と感じることがしばしばあるはずである。

　一方、金融機関側ではマイナス金利下にあって、「預金は利息を払うのではなく手数料をもらわなければ割りに合わない」との議論も出始めてきた。口座手数料を取れば顧客あたりの収益を上げられる反面、顧客側はこれに対応して口座を集約する動きをとるだろう。結果として自行庫の預金が流出する可能性も考えられ、すぐに実行に移せるものでもない。

　よって、口座維持をコストと考えるのではなく、第4章で紹介したように決済口座から入出金情報が得られるメリットを追求したい。口座維持に関する金融機関側のコストは、トランザクションデータの入手コストと考えて活路を見出したほうが、生産的ではないだろうか。

　本書では、何度も「企業の変化に気付ける営業担当者と、気付けない担当者がいる」という話をしてきた。変化に気付ける営業担当者は、ぜひ「その奥」ともいえる変化、企業の潜在的な変化に気付くチャレンジをしてはどうだろうか。

　融資審査モデルの領域にもAIが導入されてきており、伝統的な法人融資の分野にもネットチャネルを起点としたサービスが生まれている。法人営業においても、営業担当者に求められる役割が変わっていく可能性があ

る。

　先に紹介した井上ひさし氏の口癖、「むずかしいことをやさしく…」には続きがある。その全文は次のようなものである。

「むずかしいことをやさしく、やさしいことをふかく、ふかいことをおもしろく、おもしろいことをまじめに、まじめなことをゆかいに、そしてゆかいなことはあくまでゆかいに」

「むずかしいことをやさしく」はマーケティング部門が担うが、「やさしいことをふかく」は最前線で顧客と向き合う法人営業担当者が担うものであってほしい。顧客が何を考えているのか、変化が激しい時代だからこそ、最前線に立つ法人営業担当者が気付く。企業に寄り添う営業担当者がそうした気付きをベースに企業と対話し、それを掘り下げていくことで企業側にも気付きを与える。

　法人EBMは、そうしたゆかいな連鎖の第一歩である。法人営業の世界に「ゆかいなこと」を増やしていこう。本書がその一助になれば望外の喜びである。

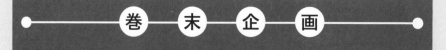

巻 末 企 画

演習問題にチャレンジしよう！

Q 2020年3月、あなたのパソコン画面に「法人EBM」の通知が届きました。その通知は、帝国テクノツール社について「評点が上がっています＆従業員数が減少していますので、アプローチしてください」という内容です。右ページのCOSMOS2の画面を参照し、「こういう企業なので、こんな切り口でアプローチしてみよう」という営業仮説をできるだけ多く書き出してみましょう。なお、帝国テクノツール社は純預金先で自行庫内の情報は乏しく、COSMOS2が唯一の情報源と仮定します。

▼帝国テクノツール社の COSMOS ２フルデータ

COSMOS ２フルデータ		Copyright (C) 2020 TEIKOKU DATABANK, LTD.

(取扱注意)　20XX.02.01

企業概要

企業コード	989999956	法人番号：0000000000000		評点 54点
商　号 (フリガナ)	帝国テクノツール株式会社 (テイコクテクノツール)			
所在地	〒104-0041　東京都中央区新富１−12−２　帝国ビル３階			
電話番号	03-5540-1309			
資本金	400,000千円		従業員	170名
主　業	35441　機械工具製造業（粉末や金業を除く）		創　業	昭和 6年 9月
従　業	35431　金属工作機械用・金属加工機械用部分品・付属品製造業（機械工具		設　立	昭和12年 4月
事業内容	「テック」ブランドを主体とした精密切削工具製造のほか、工作機械部品・治具の製造を行っている。			
取引銀行	みずほ（東京中央）,三井住友（築地）,近代信金（羅臼）			
仕入先	日進鋼機,藤木製作所,日吉鋼材			
得意先	ダイヤモンド工業,青山自動車,大水エンジニアリング			
系　列	帝国ホールディングス			

代表者

氏　名	志水　和正（シミズ　カズマサ）		
住　所	〒231-0007　神奈川県横浜市中区弁天通４−51−1103		
電話番号			
出身地	東京都	生年月日	昭和20年 8月10日
出身校	中央大学	性　別	男性

業績6期

決算期	売上高（百万円）	当期純利益（千円）	自己資本	決算書
平成XX年 3月	4,730	24,295		無
平成XX年 3月	4,588	20,815		無
平成XX年 3月	4,450	−20,020		無
平成XX年 3月	4,584	18,541	36%	有
平成XX年 3月	4,882	22,169	35%	有
平成XX年 3月	4,950	19,128	36%	有

業種別売上高ランキング

対象業種	35441　機械工具製造	全　国	467社中	1位
対象金額	4,950百万円	都道府県	92社中	1位

株主役員

役職名	氏　名	株主または出資者総数	
		大株主または出資者	保有株数
社　長	志水　和正	帝国ホールディングス	5,600,000株
専　務	青山　政雄	岩井　竜一	1,200,000株
常　務	岩井　竜一	岩井　久美	500,000株
取締役	横山　三四郎	志水　和正	300,000株
取締役	川口　由美雄	青山　政雄	300,000株
取締役	渡辺　茂		
取締役	小宮　桂		
監査役	小林　保雄		
監査役	岩井　久美		

以上

　　　　C-NET_20XX0101_10:00

※本データは架空のものであり、実在する企業・団体・個人とは一切関係ありません。

解説は次ページ→

A さて、書き出しは終わっただろうか。営業仮説に「正解」はないが、考えられる仮説を示していこう。

　まず、帝国テクノツール社は「機械工具製造業」であるが、業種別売上高ランキングを見ると、全国・都道府県内ともに１位であることが分かる。そこで「業界内でのポジションが確立されており、商品力・技術力に優れている企業なんだな…」との推測ができる。

　次に、志水和正社長の年齢を見ると、昭和20年生まれということで70歳を超えていることが分かる。「社長の平均年齢を考えれば高齢の域であり、おそらく後継者問題があるな…」と考えられる。

　ではオーナーは誰かと株主を見れば、法人として帝国ホールディングス、そして岩井一族が上位株主である。帝国ホールディングスは社名から持株会社と推測できる。グループ会社を束ねている、あるいは一族の資産管理をしている会社かもしれない。その一族は、株主の名前から岩井一族と推察できるため、「岩井姓の役員である常務の岩井竜一氏にアポイントを取ると、事業承継の方向性が聞けるかもしれない…」と考えを巡らすことができる。

　取引銀行欄に目をやると、「近代信金（羅臼）」という遠方の支店名が目に入る。帝国テクノツールの本店は東京都中央区であるため、「北海道の羅臼に何か所縁がある」と考えられる。今でも取引があるということは、「もしかしたら創業地が北海道だったのかもしれない」とか、「取引先が北海道に多いのかもしれない」と考え、「創業地や商流についてヒアリングして、深掘りしてみよう」といったアプローチが思い浮かぶ。

■増収と従業員の減少を「鳥の目」で俯瞰すると？

　EBMの通知にあったように従業員数は減少しているが、売上高は３期連続の増収であるため、一人当たりの売上高が増加していることになる。ここからは「直販から商社経由に商流を変えたのか」、それとも「何か新商品がヒットしたのか」といった推測ができる。増収の一方で利益が一進一退であるため、「販売のアウトソーシングと並行してリストラを進めた結果、退職金の支払いがあったのかもしれない。このあたりは重点的に聞

き進めたほうがよさそうだ」といったことが思いつく。特に「商流の変化から、運転資金需要がどう変わりそうか」を確認したい。

　業績の欄からは、3年前から調査会社に決算書を提出するようになったことも分かる。「方針が変わったのだろうか」とか、「過去に赤字を計上して決算書を出したくなかった時期があったのかもしれない」といった推測もできる。「もしかしたら、帝国ホールディングスの傘下に入るとともに方針が変わって、決算書を開示するようになったのかもしれない。従業員が減っているのは、古参社員のリストラを行い、親会社主導で営業の強化を図っているのかも…」ということも考えられる。「もし帝国ホールディングスが持株会社としてグループのキャッシュマネジメントをしているとしたら、帝国テクノツールではなく帝国ホールディングスにアプローチしていかなければならないか？」といった仮説も立てられるだろう。

　筆者はこのような仮説とアプローチを考えてみたが、あなたの仮説はどうだっただろうか？

　最後にもう1つ、仮説とアプローチを加えておこう。あなたは、この会社が来年（2021年）に創業90周年を迎えることに気付けただろうか。法人EBMの真骨頂はこの「気付き」にある。これに気付ければ、「岩井常務、来年は創業90周年ですね。おめでとうございます。今後の方針などをお聞かせいただけますか？」と、自然なアプローチができるはずだ。

　顧客に向き合う前提で企業情報を見れば、いろいろなことが想像でき、事前準備の厚みも増す。営業仮説、アプローチは様々であり、どれが正解ということはないが、法人EBMを活用すれば、訪問前に情報を最適化し、事前の顧客理解が進む。営業担当者には事前理解により自信が生まれ、アプローチを受ける企業側には「よく知っているな」という信頼感が生まれる。そして、顧客にとって最適なタイミングを外していないわけだから、顧客・営業双方にとって心地よいアプローチになるのである。

参考資料

- 「AIを活用した金融の高度化に関するワークショップ第2回『デジタルマーケティングの模様』」日本銀行金融機構局金融高度化センター
- 「データ活用の高度化と地銀連携のためのマネジメントシステム」横浜銀行営業企画部グループ長加藤毅
- 「日本の営業実態調査2019」アタックス・セールス・アソシエイツ
- 「１人あたりオフィス面積調査（2019年）」ザイマックス不動産総合研究所
- 『チャレンジャー・セールス・モデル　成約に直結させる「指導」「適応」「支配」』マシュー・ディクソン＆ブレント・アダムソン　海と月社
- 『ファクトフルネス　10の思い込みを乗り越え、データを基に世界を正しく見る習慣』ハンス・ロスリング、オーラ・ロスリング、アンナ・ロスリング・ロンランド　日経BP
- 『グロービスMBAマーケティング』グロービス経営大学院　ダイヤモンド社
- 『2019年版金融時事用語集』金融ジャーナル社編　金融ジャーナル社
- 企業アンケート調査の結果（2018年９月公表）　金融庁
- 平成28年経済センサス-活動調査　総務省
- 登記統計（平成30年）　法務省
- 法人税の課税状況（平成29年度）　国税庁
- 商号変更会社一覧　日本取引所グループ
- 事業承継ガイドライン（平成28年12月）　中小企業庁
- 「第11回健康日本21（第二次）推進専門委員会資料」（平成30年３月）　厚生労働省
- 公示地価（平成31年）　国土交通省
- 「倒産集計2018」帝国データバンク
- 「『人手不足倒産』の動向調査（2013 〜 18年度）」帝国データバンク
- 「人手不足に対する企業の動向調査（2019年７月）」帝国データバンク
- 「2019年度の設備投資に関する企業の意識調査」帝国データバンク
- 「特別企画：全国「休廃業・解散」動向調査2018年」帝国データバンク
- 「事業承継に関する企業の意識調査（2017年10月）」帝国データバンク
- 「全国社長分析（2019年）」帝国データバンク
- 法人番号公表サイト（https://www.houjin-bangou.nta.go.jp/）国税庁
- 法人インフォメーション（https://hojin-info.go.jp/hojin/TopPage）経済産業省
- 登記情報提供サービス（https://www1.touki.or.jp/）一般社団法人民事法務協会
- パナソニック（https://news.panasonic.com/jp/press/data/jn080110-4/jn080110-4.html）

おわりに

　今回の執筆にあたっては、みずほ銀行様、横浜銀行様、伊予銀行様をはじめ、匿名ではあるが、多くの事業会社の方々に多大なご協力をいただいた。EBMをはじめとするビッグデータ解析を第一線で行っている各行・各社の取組みを取材させていただき、対面・非対面の両面から顧客を理解しようとする熱い想いを感じることができた。多くの時間を割いて取材に対応していただき、この場を借りて改めて感謝申し上げたい。

　また弊社内のことではあるが、データ分析、検証、校正等で数多くの部署や個人に協力を仰いだ。1人ひとりの協力がなければとても書ききることはできなかった。何か事を為すときに一致団結する心地よい社風を改めて感じることができた。協力の数々に感謝したい。

　近代セールス編集部の方々にも大変お世話になった。構成段階で何度も脱線しそうなところを、温かくも切れ味鋭いアプローチで適切に導いていただいた。スケジュール管理を含め、プロの編集の技を垣間見ることができた。感謝申し上げたい。

本文中に紹介しきれなかった法人EBMに関する資料をTDBカレッジ(https://pages.tdb.co.jp/ebmbook.html)でダウンロードしていただけます。QRコードを読み取り、問い合わせフォームからお問い合わせください。

　TDBカレッジは、「ビジネスパーソンのデータリテラシーを高める」をコンセプトとし、帝国データバンクが保有するデータや世の中に公表されている各種情報を理解し、目的に応じてデータ活用する能力を高めるためのビジネスパーソン向けWebサイトである。各種の情報源を適切に理解し、散在する情報の中から必要な情報を収集、整理・分析し、実務で活用するための生きた知識・知恵を学ぶことができるため、ぜひ活用してもらいたい。

　最後までお読みいただき、ありがとうございます。

執　筆　帝国データバンク 営業推進部営業開発課
　　　　第 1 章、第 4 章〜第 7 章　　北野信高
　　　　第 2 章　　　　　　　　　　北野信高　黒澤学
　　　　第 3 章　　　　　　　　　　貞閑洋平　鈴木貴之
　　　取　材　　　　　　　　　　　岡田明　　三本木亮太

※本書の一部は、近代セールス2018年 4 月 1 日号〜2020年 3 月 1 日号で連載し
　ていた「営業成果が変わる！　ワンランク上の企業情報活用術」に加筆等し
　たものです。

すべては仮説とタイミング
営業成果に差が出る法人EBMのススメ

2020年 4 月 7 日　初版発行

著　者　　　株式会社帝国データバンク
発行者　　　楠真一郎

発行所　　　株式会社近代セールス社
　　　　　　http://www.kindai-sales.co.jp
　　　　　　〒165-0026　東京都中野区新井 2 − 10 − 11ヤシマ1804ビル 4 階
　　　　　　電話　03-6866-7586　FAX　03-6866-7596
印刷・製本　三松堂